NOBILIAIRE UNIVERSEL

DE FRANCE,

OU

RECUEIL GÉNÉRAL

DES GÉNÉALOGIES HISTORIQUES

DES MAISONS NOBLES

DE CE ROYAUME,

Par M. DE SAINT-ALLAIS, auteur des Généalogies
historiques des Maisons souveraines de l'Europe.

TOME TROISIÈME.

PARTIE DEUXIÈME, CONTENANT LE RÉPERTOIRE UNIVERSEL
ET HÉRALDIQUE DE LA NOBLESSE DE FRANCE. LETTRE A.

A PARIS,

Au Bureau du NOBILIAIRE UNIVERSEL DE FRANCE,
rue de la Vrillière, n° 10.

———

Réimprimé en 1872-1873,
A LA LIBRAIRIE BACHELIN-DEFLORENNE,
3, Quai Malaquais.

DISCOURS PRÉLIMINAIRE.

L<small>E</small> Répertoire héraldique que j'offre aujourd'hui au public est l'ouvrage le plus complet qui ait paru dans ce genre.

Palliot, Dubuisson, Menestrier, Wlson de la Colombière, Boisseau, Chevillard, le P. Labbe, et tous les auteurs qui ont écrit sur cette matière avaient fait des omissions considérables, que j'ai cherché à réparer.

Ainsi, le public trouvera dans ce Répertoire non-seulement les armoiries des diverses familles citées par ces auteurs, mais encore celles qui sont mentionnées dans l'*Histoire des grands officiers de la couronne*, par le P. Anselme ; dans l'*Armorial général de France*, de M. d'Hozier, et dans les *Nobiliaires* des diverses provinces du royaume.

Et comme la révolution a dévoré presque tous ces ouvrages, et que le peu qui en reste est d'une rareté extraordinaire et d'un prix très-élevé, on sentira sans doute le mérite d'un travail qui réunit dans un seul ensemble tout ce qui est épars dans des livres qu'il est presque impossible de se procurer.

Cependant, malgré mes recherches assidues, et tous les soins que j'ai apportés à la confection de cet ouvrage, je sais qu'il y aura encore des omissions, des armoiries mal établies, des noms de familles dont l'orthographe ne sera pas exacte ; ce ne sera pas de ma faute, mais bien de celle des familles qui portent la négligence jusqu'à ne pas signer leur nom d'une manière uniforme et qui n'ont pas conservé dans toute leur pureté primitive les armoiries qui leur ont été concédées, ou enfin des auteurs, mes devanciers, qui auront mal écrit les noms, ou mal expliqué le blason.

Les familles qui auront des observations à me faire me les adresseront, *franc de port*, et tout se réparera dans une nouvelle édition.

Je préviens aussi Messieurs les gentilshommes que j'ai acheté les papiers qui composaient le cabinet de feu M. LACHESNAYE DES BOIS, *auteur de l'ancien Dictionnaire de la Noblesse*, et ceux de M. BADIER, qui en a été le continuateur. Cette précieuse collection, qui intéresse plus de vingt mille familles, me met à même de fournir des renseignements utiles à tous les membres de la noblesse de France ; car il est peu de chefs de maisons nobles dont je ne possède actuellement des mémoires, et sur lesquels je n'aie des documents de la plus haute importance.

Les familles qui n'ont pas encore envoyé leurs mémoires sont priées de ne pas différer, le quatrième volume étant sous presse.

Les mémoires, titres et renseignements doivent être adressés, *port franc*, à M. DE SAINT-ALLAIS, rue de la Vrillière, nº 10, près la place des Victoires, à Paris.

RÉPERTOIRE UNIVERSEL

ET HÉRALDIQUE

DE

LA NOBLESSE DE FRANCE.

A

A A : échiqueté de gueules et d'or, au franc-quartier d'argent, chargé d'une merlette de sable. Devise : *In antiquioribus.*

AA : de gueules, au sautoir d'argent.

AAGE : d'argent, à un arbre arraché de sinople.

AAGES (DES) : Cette famille a fourni un avocat général au parlement de Toulouse en 1444.

AAZ, originaire du pays de Liége : d'argent, à la croix d'azur, au lambel d'or.

ABADIE, en Béarn : d'or, à l'arbre de sinople, au lévrier de gueules colleté d'argent, et attaché par une chaîne de même au fût de l'arbre; au chef d'azur, chargé d'un croissant d'argent accosté de deux étoiles d'or.

ABADIE (L'), en Gascogne : de gueules, à deux lions affrontés d'or, rampant contre une montagne d'argent; au chef cousu d'azur, chargé d'une colombe essorante d'argent.

ABAN ou ABBANS, au comté de Bourgogne : d'argent, à la croix de gueules, accompagnée en chef de deux roses de même.

ABANCOURT, en Beauvoisis : d'azur, à une ruche d'or, accompagnée de trois abeilles de même, deux en chef et une en pointe.

ABANCOURT, en Cambresis : de gueules, à la bande d'argent, *aliàs*, d'argent, à l'aigle de gueules.

ABANCOURT (Hautecloque d') : d'azur, au chevron d'or accompagné de trois cloches d'argent.

ABANTON DE POLIGNY, en Languedoc.

ABARRES DE GOUMIOT : d'argent, à trois fleurs de lys de gueules.

ABATHIA DE RIEUX, en Languedoc, famille rapportée dans des titres de 1583.

ABAUSIL (Pierre), capitoul de Toulouse en 1601.

ABBADIE (d'), seigneur de Lattes, en Normandie : écartelé au 1er d'argent, au chef de gueules, chargé d'une rose d'or, qui est d'Abbadie ; au 2 d'azur, au sénestrochère d'argent, mouvant du côté senestre de l'écu, et tenant en main une épée de même; au 3 d'azur, au croissant d'argent, et au 4 de gueules, au lion rampant d'or.

ABBÉ (l') : de gueules, au sautoir engrelé d'or, accompagné de quatre fleurs de lys de même.

ABBÉ (l'), en Lorraine : écartelé au 1er de gueules, à deux bourdons de pèlerin d'or posés en sautoir ; au 4 de gueules, à la croix ancrée d'argent ; au 2 et 3 d'azur, à la bande d'or chargée d'une rose de gueules, et côtoyée de deux roses d'argent.

ABBÉ, en Normandie : d'argent, à une aigle de gueules, becquée et membrée d'or.

ABBÉ en Normandie : d'argent, à un chevron d'azur, accompagné en chef de deux molettes d'éperon de sable, et en pointe d'une rose de gueules.

ABBÉ (l') D'USSY, en Normandie : d'argent, au sautoir de sinople.

ABBÉ, en Normandie : d'azur, au chevron d'argent, à trois flammes d'or, issantes du chef.

ABBECOURT, en Beauvoisis : d'argent, à une fasce de gueules, accompagnée de six merlettes de sable, mises en orle.

ABBONNEL, de Lille : de gueules, à la fasce d'argent, accompagnée de trois têtes d'hommes de carnation.

ABBEVILLE, ville de Picardie : d'azur à trois bandes d'or, au chef semé de France.

ABBEVILLE, en Beauvoisis : de gueules. à trois écussons d'argent.

ABBIE (Pierre d'|, écuyer, mentionné dans des titres de 1555.

ABBOVAL, en Beauvoisis, famille rapportée dans des titres de 1539 à 1635.

ABDIS, en Normandie : d'or, à la croix ancrée de gueules, cantonnée de quatre croisettes d'azur.

ABEILLE, en Provence : d'azur, à la ruche d'or, accompagnée de trois abeilles de même, deux en chef et une en pointe.

ABELLY, en Bretagne : d'argent, au sanglier de sable, défendu du champ ; au chef d'azur, chargé d'un croissant d'argent, accosté de deux étoiles d'or. Devise : *A Domino factum est.*

ABELLY (Louis), échevin de Paris en 1577 : d'azur, au lys épanoui et fleuri d'argent, accosté de deux roses aussi d'argent, tigées et feuillées de sinople, et plantées sur une terrasse de même, accompagnées en chef de deux croissants montants du second.

ABENS : cette famille a fourni en 1767 un mestre de camp général de cavalerie.

ABESSENS, en Languedoc : d'argent, à la rose de gueules, tigée et feuillée de sinople, posée en barre ; à la bande d'or, contre-potencée de même, remplie d'argent, brochante sur le tout.

ABEY : d'argent, au sautoir alaisé de gueules.

ABILLON : d'argent, à un chevron d'azur, accompagné en chef de deux molettes d'éperon de sable, et en pointe d'une rose de gueules.

ABILLON, en Guienne : de gueules, à cinq billettes d'argent, couchées et posées l'une au-dessus de l'autre.

ABILLON (François d'), seigneur de Pascouinay, maire de Niort, en 1560.

ABIN-LUTHIER, en Poitou : d'argent, à un lion de sable, ayant dans sa gueule un serpent de sinople, langue de gueules, posé en fasce.

ABIRAC (Bertrand d'), en Languedoc, mentionné dans des titres de 1181.

ABISSE : d'azur, au lévrier rampant d'argent, colleté de sable et bouclé d'or.

ABLAIN, en Cambresis : d'argent, à trois lions de sinople, à la bordure engrêlée de gueules.

ABLEGES, en Bourgogne : d'or, à deux fasces d'azur, chargées de trois étoiles du champ.

ABLEIGES (Maupeou d') : d'argent, au porc-épique de sable.

ABLINVILLE (Jean d'), écuyer, mentionné dans des titres de 1508.

ABOIN DE VINOLS, en Forêz : d'or, à un cep de vigne de sinople ; au chef de gueules, chargé de trois coquilles d'or.

ABON, de Gap, en Provence : fascé, emmanché d'or et d'azur de huit pièces, les pointes arrondies. Devise : *Union maintient.*

ABONCOURT, famille noble de Lorraine.

ABONDE : de sable, au chevron d'or, accompagné de trois roses d'argent.

ABONDE, en Champagne : d'azur, à trois étoiles d'or, parti échiqueté d'or et d'azur, au chef d'argent chargé d'une aigle éployée de sable.

ABONNE DE MENOUVE, en Bourgogne.

ABONNEL (Jean), rapporté dans des titres de 1431.

ABOS D'HERVILLE, en Béarn : de sable, au chevron d'or, accompagné de trois roses d'argent.

ABOT DE CHAMPS, en Normandie : d'azur, à une coquille d'argent, écartelé d'argent, à une branche de fougère de sinople en pal.

ABOVAL : fascé d'argent et de gueules de six pièces.

ABOVAL, en Picardie : d'azur, à trois merlettes d'argent rangées en fasce.

ABOVILLE, originaire de Normandie : de sinople, à une maison d'argent, maçonnée de sable, chargée de deux pommeaux d'argent.

ABRAHAM, en Bretagne : d'argent, à trois jumelles de sable, accompagnées de huit étoiles de gueules, deux et trois, deux et une.

ABRAHAM, en Languedoc, seigneur de Trebes.

ABRAHAM, seigneur de Millencourt : d'argent, à la fasce de sable, accompagnée de six billettes de même.

ABRAM, en Lorraine : bandé d'argent et de gueules de six pièces, au chef d'azur, chargé de trois abeilles d'or.

ABRECOME (David), lieutenant dans les gardes-du-corps du roi en 1509.

ABRENETHÉE, en Languedoc : d'azur, au lion d'argent, armé et lampassé de gueules, écartelé d'or, au chef emmanché d'argent.

ABRICARDOT, gentilhomme admis aux états de Bourgogne en 1579.

ABRINE (Antoine d'), l'un des gentilshommes français tués à la bataille d'Azincourt en 1415.

ABRIS, gentilhomme de Languedoc, appelé à l'arrière-ban de 1575.

ABSALON, en Flandres : d'argent, à deux fleurs de lys au pied coupé de gueules, au franc quartier de même.

ABSOLUT DE LA GASTINE, en l'Ile de France : de gueules, à une croix de Malte d'or, posée en cœur, accompagnée en chef de deux molettes d'argent, et en pointe d'un croissant de même.

ABZAC, famille originaire du Périgord, et répandue aujourd'hui dans plusieurs provinces de France : écartelé, au 1 et 4 d'argent, à la bande d'azur brisée en cœur, d'un besan d'or, à la bordure du second, chargée de huit besans d'or ; au 2 et 3 d'azur, à la fasce d'argent, accompagnée de six fleurs de lys d'or, trois et trois ; sur le tout de gueules, à trois léopards d'or.

ACADÉMIE FRANÇAISE : elle portait l'écu de France, surmonté d'un soleil d'or. Devise : *A l'Immortalité.*

ACADÉMIE ROYALE DES INSCRIPTIONS ET BELLES-LETTRES : les armes de France, et en cœur une médaille d'or représentant la fasce du roi.

ACADÉMIE ROYALE DES SCIENCES : d'azur, au soleil d'or en cœur, accompagné de trois fleurs de lys de même.

ACADÉMIE ROYALE DE MUSIQUE : les armes de France.

ACARIE, à Orléans : d'azur, au chevron d'or, accompagné de trois étoiles de même.

ACARY, en Picardie : d'argent, à l'aigle éployée de sable.

ACCARD (René), échevin de Paris en 1669 : d'argent, à la massue noueuse de sable, posée en pal ; au chef d'azur, chargé d'une étoile du champ.

ACCAULT : de gueules, au coq d'argent, posé sur une terrasse de même, et chargé en col d'un écusson d'azur avec un lien de même.

ACCOLANS, en Bourgogne, famille rapportée dans des titres de 1419.

ACCOUSSEAU, famille mentionnée dans des titres de 1605.

ACÉRAC, en Bretagne : d'azur, à dix besans d'or, quatre, trois, deux et un.

ACÉRAC, de Rieux, en Bretagne : ancien ; échiqueté d'argent et de gueules ; moderne : gironné d'or et d'azur.

ACHARD : d'argent, à trois fasces de gueules, surmontées de trois delta de sable, entrelacés l'un dans l'autre.

ACHARD, de Bonvouloir, en Normandie : d'azur, au lion d'or, armé et lampassé de gueules, à deux fasces de même, brochantes sur le tout.

ACHARD-DUPIN, en Normandie : d'azur, au lion d'argent, à deux fasces de gueules alaisées, brochantes sur le tout.

ACHARD-PERRUS, en Dauphiné : de gueules, à trois heaumes d'argent, grillés et embellis d'or.

ACHARD ou DES ACHARDS, et JOUMART, DES ACHARDS, en Angoumois : coupé, le chef d'argent, à trois doubles triangles de sable, posés deux et un, et la pointe aussi d'argent, à trois fasces de gueules ; Joumart des Achards de la Brangelie porte : écartelé, au 1 et 4 d'azur, à trois étoiles d'or, posées deux et une ; au 2 et 3 d'azur, à trois besans d'or.

ACHÉ : écartelé, au 1 et 4 de gueules, à deux haches d'armes adossées d'or ; au 2 et 3 vairé d'or et de gueules.

ACHÉ, seigneur d'Esterville, en Normandie : d'or, à deux chevrons de gueules, à la pointe de même.

ACHÉ DE MARBOEUF, en Normandie : chevronné d'or et de gueules de six pièces.

ACHENAL (Jean l'), mentionné dans des titres de 1421.

ACHENENCOURT (Perrin d'), écuyer, compris dans un rôle de Bourgogne de 1417.

ACHER, en Lorraine : d'azur, à un dextrochère d'argent, armé d'une masse d'armes d'or, mouvant à senestre de l'écu ; au chef d'or, chargé d'une aigle naissante de gueules.

ACHERES. Voyez ARGOUGES.

ACHEU, en Normandie : d'azur, à la fasce d'argent, accompagnée de trois écussons d'or, deux en chef et l'autre en pointe.

ACHEU, en Picardie et Normandie : d'argent, à la croix ancrée de sable, parti du premier à une aigle éployée du second.

ACHEU-CALONNE, en Bourgogne : d'argent, à une aigle de sable.

ACHEY, en Bourgogne : de gueules, à deux haches d'armes d'or, adossées en pal.

ACHILLY, en Dauphiné : de gueules, au sanglier de sable.

ACHOMARD, mentionné dans des titres des 14 et 15ᵉ siècles.

ACHON, en Bourgogne : d'or, semé de fleurs de lys d'azur.

ACHOREAIS, en Dauphiné : d'azur, à trois têtes de chèvre, arrachées d'argent.

ACHOU, au pays de Liége : losangé d'argent et d'azur.

ACHY, en Dauphiné : de gueules, à trois chevrons d'argent.

ACHY, en Provence : d'azur, à la fasce d'argent, accompagnée en chef d'un écusson d'or, et en pointe d'un lion d'argent passant.

ACHY (CARVOISIN D'), en Picardie : d'or, à la bande de gueules, au chef d'azur.

ACIER, en Auvergne : d'or, à la tour crénelée de gueules.

ACIER, en Quercy, de la maison de Ricard de Gourdon : écartelé, au 1er d'argent, au buisson de sinople ; au 2 de gueules, à deux chèvres passantes d'argent, posées l'une au-dessus de l'autre ; au 3, de gueules, au lion d'argent, à l'orle de huit besans de même, qui est de Cardaillac ; au 4, d'or, à trois fasces de sable, au chef d'hermines.

ACIGNÉ, en Bretagne : d'hermines, à la face alaisée de gueules, chargées de trois fleurs de lys d'or.

ACON (LOUIS D'), écuyer ; sieur de Voisins, mentionné dans des titres de 1552.

ACON DE TILLI : d'or, à la fleur de lys de gueules.

ACOS, originaire du pays de Liége : de sable, à trois étriers d'argent.

ACQUEST DE MONTMORENCY : d'or, à la croix de gueules, cantonnée de seize alérions d'azur ; quatre en chaque canton.

ACQUET D'HAUTE PORTE ET DE FEROLLES, en Picardie : de sable à trois paniers d'or.

ACQUEVILLE, en Normandie : d'argent, au gonfanon d'azur frangé de gueules.

ACRAIGNE (HARAUCOUT, seigneur d') : d'or, à la croix de gueules, au franc quartier d'argent, chargé d'un lion de sable armé et lampassé de gueules, couronné d'or.

ACRE (BÉRARD D'), comte de Lyon, en 1247.

ACRE (DES), marquis de Laigle, en Normandie : d'argent, à trois aigles de sable au vol abaissé.

ACRY, seigneur de Concherot : de gueules, à neuf croissants abaissés sous autant de larmes, le tout d'argent.

ACTIER (JEAN), capitoul de Toulouse, en 1305.

ACTON D'AURAILLES : d'argent, à cinq fleurs de lys d'azur, au franc canton de gueules, chargé d'un croissant d'or.

ACUMONT DE LA BARRE, en Vendômois.

ACURAT (Guillaume), en Languedoc, mentionné dans des titres de 1269.

ACY, famille mentionnée dans des actes de 1158. Il y a eu un avocat-général de ce nom au parlement de Paris, qui fut massacré en 1357.

ACY (Vergeur d'), en Champagne : d'azur, à la fasce d'argent, chargée de trois hermines de sable, et accompagnée de trois étoiles d'or, couronnées de même.

ADALBERT, en Languedoc : écartelé d'or et de sable, la bordure de l'un en l'autre.

ADALGUIER (Guillaume), compris dans un rôle de Languedoc de 1174.

ADALON (Raymond), compris dans un rôle de Languedoc de 1207.

ADAM (Pierre), capitoul de Toulouse, en 1515.

ADAM DE MOUSEBOSQ, en Normandie : d'argent, au chevron de gueules, accompagné de trois roses de même.

ADAM : d'or, à l'aigle éployée, de sable, au chef d'azur, chargé d'un soleil d'or.

ADAM, en Bretagne : d'or, à la tour crénelée de sable, sommée d'un tourillon de même.

ADAM, en Lorraine : d'azur au chevron d'or, accompagné en chef de deux molettes de même, et en pointe d'une aigle éployée d'argent ; à la bordure engrêlée de même.

ADAM, en Normandie : d'azur, à trois maillets d'or, posés deux et un, surmontés chacun d'une rose de même.

ADAM, élection de Carantan : de gueules, au chevron d'or, accompagné de trois roses de même, deux en chef et une en pointe.

ADAM DE GOAZHAMON et DE KERMALHVEZAN, en Bretagne : vairé d'argent et de gueules, à la bordure de sable, besantée d'argent.

ADAOUST, en Provence : d'azur, au chevron d'or accompagné d'un lion de même, armé et lampassé, de gueules ; au chef d'argent, chargé de trois étoiles de gueules.

ADBERT (Pierre d'), en Languedoc, chevalier en 1309.

ADHEMAR, en Languedoc : d'azur, à la bande d'argent, chargée de trois croissants de sable, et surmontée d'un lion d'or rampant, armé et lampassé de gueules. Les seigneurs de Mont-Réal, de Mézerac, portent : écartelé, au 1er d'argent, à la bande de gueules, chargée de trois étoiles d'or ; au 2 d'azur, à trois fleurs de lys, à un bâton péri en barre, de gueules ; au 3 d'azur, semé de fleurs de lys d'or, à la tour d'argent, brochante sur le tout ; au 4 d'or, à quatre pals de gueules ; et sur le tout d'or, à trois bandes d'azur. Devise : *Plus d'honneur que d'honneurs.*

ADHENET, famille établie à Paris.

ADHOSSILLON-DE-SAUVETERRE (PAUL), chevalier de Malte, en 1529.

ADIE : de gueules, à quatre lapins au naturel, posés l'un sur l'autre.

ADIGARD, seigneur des Bois de la Planche, en Normandie : d'argent, à trois équerres de sable.

ADINE DE VILLESAVIN, fermier général : d'azur, au chevron d'or accompagné de trois trèfles de même, au chef cousu de gueules chargé d'un croissant d'argent accosté de deux étoiles de même.

ADMIRAUD, famille du pays de Liége.

ADONVILLE, en Beauce : d'azur, à six annelets d'or, trois, deux et un.

ADONVILLE (HALLOT D') : d'argent, à deux fasces de sable, surmontées de trois annelets de même.

ADORNE : d'or à la bande échiquetée d'argent et de sable, de trois titres. Devise : *Expiabit aut obruet.*

ADOUE DE SAILHAS, dans le comté de Comminges : écartelé, au 1 et 4 d'or, à une levrette de gueules, colletée et bouclée de sable, à une bordure de même, chargée de huit besans d'or ; au 2 et 3, de gueules, à quatre otelles d'argent : sur le tout de gueules, à la fasce ondée d'or, chargée d'une tourterelle d'azur, becquée et membrée d'argent. Devise : *Toujours doux.*

ADRETS (DES). Voyez BEAUMONT.

ADRIEN : d'azur, au renard passant d'or ; au chef cousu de gueules, chargé de trois bandes du second.

ADRIEN, à Langres : d'azur, au lion assis d'or, tenant de sa patte dextre une fleur de lys d'argent.

ADRIENNAIE : d'azur, semé de France, au lion d'argent ; *aliàs*, d'azur, à l'orle de neuf fleurs de lys d'or.

ADVIS, en Lorraine : d'azur, à une aigle d'or, percée

d'une flèche en barre de même, armée et empennée d'argent, le fer contremont.

ADVISARD, en Normandie : de gueules, au chevron d'argent.

ADY, seigneur d'Aymeries : d'azur, au lion d'or, tenant de sa patte sénestre une clef de même.

AELTS : d'or, à deux anilles de sable, au franc-canton de même, à deux fasces d'argent.

AFFAGARD, en Normandie : de gueules, à trois diamants d'argent.

AFFAITADI : d'azur, à une tour d'or, chargée de trois couronnes de gueules, l'une sur l'autre.

AFFELETZ, famille mentionnée dans les actes de 1348.

AFFIER : burelé d'or et de gueules, de douze pièces.

AFFIS : d'argent, à la bande de gueules chargée d'une rose d'or et accompagnée de deux roues de même.

AFFRES (RAIMOND D'), capitoul de Toulouse, en 1540.

AFFRIQUE (SAINT), petite ville de France en Rouergue : d'or, à une croix d'azur fleurdelysée, coupée d'un croisillon en pointe, au chef d'azur, chargé de trois fleurs de lys d'or.

AFFRY, en Suisse, au service de France : d'argent, à trois chevrons de sable. Devise : *Au plus vaillant héros.*

AFIRAC (PONS D'), compris dans un rôle de Languedoc de 1371.

AGAFFIN (COUCILS D'), en Languedoc : d'argent, à trois bouquets de nielle de sinople, fleuris de gueules.

AGALOY, mentionné dans des titres des 14me et 15me siècles.

AGAR, en Provence : de gueules, à une molette d'argent au chef cousu d'azur, chargée d'une croix tréflée d'or.

AGARD DE MAUPAS, en Berry : d'azur, au chevron d'or, accompagné en chef de deux étoiles d'argent, et en pointe d'une tête de léopard de même.

AGASSE (PIERRE-GUILLAUME et HENRI), gentilshommes pannetiers et échansons, employés dans la maison du roi Louis XVI.

AGAY (D'), en Franche-Comté : d'or, au lion de gueules, au chef d'azur,

AGDE , en Languedoc : d'azur, à la fasce d'argent accompagnée de trois étoiles d'or en chef, et d'une porte de château avec sa herse, entre deux colonnes de même, en pointe.

AGDE, ville de Languedoc : d'or, à trois fasces ondées d'azur.

AGE DE PUYLAURENS (de l'): d'or, à la croix de gueules.

AGEDE (Jean-Louis), écuyer, capitoul de Toulouse, en 1713.

AGEMBACH, en Bourgogne, rapporté dans des titres de 1469.

AGEN : de gueules, au griffon d'or, tenant en ses pattes un écriteau, portant : *nisi dominus custodierit*, adextré d'un château d'argent.

AGENCOURT (Vichy d'), en Auvergne : de vair plein.

AGENET (Antoine), écuyer, sieur de la Breviaude, mentionné dans des titres de 1559.

AGENN (Thierry), chevalier-banneret de Bourgogne.

AGÉNOIS. Voyez Aiguillon.

AGENONVILLE : d'or, à la bande coticée de sable, chargée de trois merlettes d'argent.

AGES (des), en Berry : d'argent, au lion de sable couronné d'or, armé et lampassé de gueules.

AGEY (Jacques, des comptes de Vintimille, seigneur d'), en Bourgogne, conseiller au parlement de Dijon.

AGICOURT : d'or, à trois fasces de sable.

AGIE, en Beauvoisis, famille mentionnée dans des titres de 1144 à 1222.

AGIES, seigneur de Longprés, de Saint-Denis du Ménil-Bossuet, en Normandie : de gueules, à trois besans d'or, surmontés d'un lambel de même.

AGIMONT DE LOOS : burelé d'argent de gueules de dix pièces.

AGION DE LA NOIX, en Lorraine : tiercé en pal, au 1er d'azur, à trois hermines; au 2 de gueules, à trois besans d'argent; et au 3 d'azur, à trois annelets d'or.

AGLEVIM-LE-DUC, en Bourgogne : écartelé, au 1er et 4 de gueules, à trois chevrons abaissés d'or, accompagnés de trois besans de même; au 2 et 3 d'or, et à la bande de gueules accostée de trois cotices d'or, et chargée de trois ducs d'argent.

AGLIER (Bérard d'), comte de Lyon, en 1363.

AGNAN (Saint-), en Nivernais : d'argent, à trois fasces de sinople, à six merlettes de gueules sur l'argent.

AGNEAU, en Bourgogne : d'azur, au chevron d'or, accompagné de trois roses de même.

AGNEAU, en Provence: d'azur, au chevron d'or, accompagné en pointe d'un agneau d'argent.

AGNEAU, AIGNEAUX ou AIGNEUX, en Normandie: d'azur, à trois agneaux d'argent.

AGNEAUX, de Caen, même province: d'or, à deux fasces de sinople, accompagnées de sept merlettes de gueules, mises en orle.

AGNEUX-ALENCOURT: d'or, à trois croissants montants de gueules.

AGNEVILLE (Claude de l'); écuyer, sieur de l'Ile Rigault, mentionné dans des titres de 1579.

AGNICOURT-BOUFFLERS: d'argent, à trois molettes, à six rais de gueules, posées deux et une, et accompagnées de neuf croisettes recroisetées de même, trois en chef, trois en fasce et trois en pointe, ces dernières posées deux et une.

AGNIEL (Pierre), échevin de la ville de Lyon, en 1724.

AGODE (Robert), conseiller au parlement de Paris, en 1437.

AGORET, mentionné dans des titres des 14ᵐᵉ et 15ᵐᵒ siècles.

AGOULT, en Dauphiné et en Provence: d'or, au loup ravissant d'azur, armé et lampassé de gueules. Devise: *Avidus committere pugnam.*

AGRAIN DE VERNON, en Languedoc: d'azur, au chef d'or.

AGRAIN (le Marquis d'), premier président de la chambre des comptes de Dijon, en 1771.

AGRET (Gérard), co-seigneur d'Escalquens, capitoul de Toulouse, en 1601.

AGUE, originaire d'Ecosse, mais établie en France: d'argent, à trois fasces de sable, au croissant de gueules.

AGUENIN, originaire de Bourgogne: de gueules, à trois chevrons d'or, accompagnés de trois besans de même.

AGUENOT.

AGUÈRES, en Guienne: d'or, à trois pieds d'oiseaux au naturel.

AGUERRE, seigneur de Marquigny-aux-Bois: d'argent, à trois corbeaux de sable.

AGUES (Simon d'), conseiller au présidial du Mans.

AGUESSEAU (d'), en Brie: d'azur, à deux fasces d'or, accompagnées de six coquilles d'argent, trois en chef, deux entre les deux fasces, et une en pointe; quelques branches de cette famille ont porté: écartelé de gueules, à une fasce d'argent, chargée de trois aigles de sable, armées et lampassées du champ, accompagnées de deux cottes d'armes en chef d'argent, et en pointe d'une patte de griffon de même.

AQUILLENQUI, en Provence : fascé, d'argent et de sable de six pièces ; au chef de gueules, chargé d'un lion passant d'or.

AGUILLIER (Bernard), capitoul de Toulouse, en 1573.

AGUILLON, mentionné dans des actes de 1180 à 1300.

AGUISY, en Champagne : d'argent, à trois merlettes de sable, celles en chef affrontées.

AGULHAC, de Mende, en Languedoc : de gueules, à deux épées d'argent en sautoir, la pointe en haut ; au chef cousu d'azur, chargé de trois étoiles d'or.

AGULHAR, d'Uzès, en Languedoc: d'azur, à l'étoile d'or, chargée d'un tourteau d'azur, à deux croissants d'or passés en sautoir.

AGUT, en Provence : d'azur, à trois flèches d'or, posées en pal et en sautoir, les pointes en bas. Devise : *Sagittæ potentis acutæ.*

AHIBLECOURT, en Artois : d'azur, à trois jumelles d'argent, mises en fasce.

AHLATAN-DE-BEAUMONT : de gueules, à cinq losanges d'argent, posées en croix.

AHUCII, (Bernard d'), capitoul de Toulouse, en 1402.

AICELIN-DE-MONTAGU : de sable, à trois têtes de lion arrachées d'or, lampassées de gueules.

AICHY (Huguenin d'), écuyer, ambassadeur de la duchesse de Bourgogne, en 1519.

AIDES (N... des), colonel de dragons en 1702, chevalier de l'ordre royal et militaire de Saint-Louis.

AIDIE ou AYDIE, en Périgord : de gueules, à quatre lapins courants d'argent, l'un sur l'autre, sur un écartelé de Comminges et d'Armagnac.

AIDIN, au comtat Venaissin : fascé d'argent et de sable.

AIGALIÈRES, en Languedoc : d'azur, au chevreuil d'or, couché sur un tertre de même ; au chef cousu de gueules, chargé d'un soleil d'or.

AIGLE : de gueules, à trois bandes d'or.

AIGLE, ville en Normandie : d'or, à une aigle, éployée de sable, au chef d'azur, chargé de trois fleurs de lys d'or.

AIGLEVILLE (LE BARBIER D') : d'argent, à trois mains de sable, apaumées.

AIGNAN D'ORBESSAN ; il y a eu des présidents de ce nom au parlement de Toulouse, en 1715 et 1738.

AIGNAN (SAINT-), en Berry, duché-pairie qui a passé dans la maison de Beauvilliers. Voyez ce nom.

AIGNAN (LAFRESNAYE DE SAINT-), en Normandie : de gueules, à trois fresnes d'or.

AIGNAY (JACQUES D'), écuyer, compris dans un rôle de Bourgogne de 1414.

AIGNE, au diocèse de Langres, en Champagne, mentionné dans des actes de 1339.

AIGNEAUX : d'azur, à trois agneaux d'or.

AIGNEVILLE, en Picardie : d'argent, à l'orle d'azur.

AIGNEVILLE, autre famille de Picardie : d'argent, à l'écusson d'azur posé en cœur.

AIGNEVILLE-HARCHELAINES : écartelé au 1er et 4 d'argent, à l'orle de sable ; au 2 et 3 d'argent, à trois fleurs de lys au pied nourri de gueules.

AIGOUX (DES), en Provence : d'azur, au chien courant, d'or, colleté d'argent et bouclé de même ; écartelé de gueules, à un léopard rampant d'or.

AIGRADE (JACQUES D'), chevalier de Malte, en 1517.

AIGRE (SIRE GUILLAUME D'), maire de la Rochelle, en 1272.

AIGREFEUILLE, en Languedoc : d'azur, à trois étoiles à six rais d'or, au chef cousu de gueules.

AIGREMONT, en Champagne : d'argent, au lion de gueules.

AIGREMONT, en Franche-Comté : de gueules, à trois croissants d'argent.

AIGREMONT (D'), en Normandie : d'or, à la fasce échiquetée d'argent et de gueules, de trois traits, au lion de gueules issant de la fasce.

AIGREMONT (BERNARD D'), seigneur de Clairac, capitoul de Toulouse, en 1393.

AIGRESPÉE, famille mentionnée comme noble dès 1448.

AIGREVILLE (GUY D'), gentilhomme de la suite du duc de Bourgogne.

AIGRIN : d'azur, à trois lions d'argent, couronnés d'or, armés et lampassés de gueules.

AIGRON DE COMBEZAN.

AIGRUBERS (N... D'), enseigne de la première compagnie des Mousquetaires du roi en 1702, chevalier de l'ordre royal et militaire de Saint-Louis.

AIGUE (de l'), en Berry : échiqueté d'argent et de gueules.

AIGUE (Jean de l'), échevin de la ville de Lyon, de 1588.

AIGUEBELLE, en Provence et en Dauphiné : d'or, au griffon de sable, couronné de même.

AIGUES (Joseph des), chevalier de Malte, en 1649.

AIGUESIER DE CORNILLON : de gueules, à une molette d'or en abîme.

AIGUESPLAS (Guillaume d'), capitoul de Toulouse, en 1340.

AIGUEVILLERS, en Languedoc.

AIGUEVIVE, en Languedoc.

AIGUIÈRES, en Provence : de gueules, à six besans d'argent, cinq en sautoir, le sixième en pointe.

AIGUIÈRES : écartelé, au 1er d'azur, à l'arbre d'or ; au 2 d'argent, chargé d'un sanglier de sable ; au 3 de sinople, à la patte de griffon d'argent, mise en pointe ; au 4 de gueules, à trois tours d'or.

AIGUILLIER (l'), en Poitou : d'or, à deux aiglons de sable en pal, la tête tournée l'un vers l'autre. Devise : *Fide et securitate.*

AIGUILLON : de sable, à trois quintefeuilles d'argent.

AIGUILLON (Vignerot d') : d'argent, à trois chevrons, de gueules, surmontés d'un lambel de même.

AIGUILLY (Oche d'), chevalier, gentilhomme à la suite de la duchesse de Bourgogne.

AIGUINE (Sabran d'), en Provence : de gueules, au lion d'argent.

AILAC (Guillaume d'), commandeur de la milice du Temple, en Languedoc, en 1217.

AILHAUD, en Provence : d'azur, au croissant d'or, supportant une aigle éployée de même.

AILHAUD DE MÉOUILLE, anciennement Ailly, en Provence : écartelé au 1er et 4 de sable, à trois têtes de lion d'or, au chef cousu de gueules, chargé d'un soleil d'or ; au 2 et 3 de gueules, à la bande d'argent.

AILHAUD DE VITROLE, en Provence : de gueules, à trois têtes de lion d'or arrachées, au chef cousu d'azur chargé d'un soleil d'or.

AILLANCOURT (Mailly d') : de gueules, au chevron d'argent, accompagné de trois étoiles d'or, à la devise de même, surmontée de trois étoiles aussi d'or.

AILLEBOURSE.

AILLEPONT (Vassignac d'), en Champagne : d'azur à la bande d'argent cousue de sable.

AILLIERS : coupé d'argent et d'or, au lion brochant sur le tout, coupé d'azur sur argent, et de gueules sur or.

AILLOIRE, en Bretagne : d'azur, à une fleur de lys d'or en cœur, cantonnée au 1er et 4 d'une étoile d'or ; au 2 et 3 d'une lune de même.

AILLON, au Maine : d'azur, à la croix engrêlée d'argent.

AILLY, en Auvergne : de gueules, à la fasce ondée d'argent, accompagnée de six merlettes de même.

AILLY, en Bourgogne et en Picardie : d'azur, à deux branches d'alisier d'argent, passées en double sautoir, au chef échiqueté d'argent et d'azur de trois traits.

AILLY (ALBERT D'), en Picardie : d'or, au lion de gueules, couronné de même.

AILLY-CLERMONT : de gueules, semé de trèfles d'or ; à deux bars adossés de même, au lambel de trois pendants d'argent.

AILLY. Voyez AILHAUD DE MEOUILLE.

AIMAR, en Provence : d'azur, au chevron d'or, accompagné de trois dauphins de même ; au chef cousu de gueules, chargé de trois étoiles d'or.

AIMAR, en Provence : de gueules, à une colombe essorante d'argent, tenant dans son bec un rameau d'olivier d'or ; au chef cousu d'azur, chargé de trois étoiles d'or.

AIMAR (JOSEPH), président au parlement de Bordeaux, en 1577.

AIMARGUES (BERTRAND D'), mentionné dans un rôle de Provence de 1156.

AIMARS (DES), en Dauphiné : écartelé, au 1er et 4 d'azur, à trois bandes d'or ; au 2 et 3, parti d'azur et d'or, au chef de gueules chargé de deux plattes d'argent. Devise : *Stimulis agitabit amaris*.

AIMÉ (SIMON), échevin de Paris, en 1497 : d'argent, à la fasce de sable, accompagnée de trois rocs de même, deux en chef et un en pointe.

AIMERET, à Paris : d'argent, à un chevron de sable, chargé de trois coquilles d'or, au chef cousu de même.

AIMERIC (PIERRE), capitoul de Toulouse, en 1386.

AIMES (JEAN), capitoul de Toulouse, en 1508.

AIMEZ, ou ESMEZ, en Lorraine : d'azur, à l'épée flamboyante d'argent, mise en pal, surmontée de trois étoiles d'or mises en fasce.

AIMIER D'ARQUES : d'azur, à un oiseau essorant d'or, surmonté de deux étoiles de même, au chef cousu de gueules, chargé d'un croissant d'argent entre deux étoiles d'or.

AIMINI, en Provence : échiqueté d'or et de sable, de douze pièces, les six carreaux de sable chargés chacun d'un besan d'argent.

AIMONETTI, en Provence.

AINE; cette famille a fourni un intendant de Limoges, en 1783.

AINEUX : d'or, à trois croissants montant de gueules.

AINTECOURT, mentionné dans des actes de 860 à 1221.

AINEVAL, en Picardie : d'argent, au chef emmanché de gueules, à la bande d'azur côtoyée de deux cotices de même, brochante sur le tout. Devise : *Nescit labi virtus.*

AINVAULX, en Lorraine : d'azur, au daim effrayé d'or, ramé de gueules.

AIRAL (PIERRE), capitoul de Toulouse, en 1635.

AIRART, famille mentionnée dans un titre de 1375.

AIRAULT : d'or, au loup ravissant d'azur.

AIRE, cité dans des titres de 1109.

AIREBAUDOUZE, en Languedoc : de gueules, au château sommé de trois pièces d'or.

AIREBOUDOUZE, en Languedoc, écartelé au 1er et au 4 d'azur, à la gerbe de blé d'or; au 2 et 3 de gueules, à la croix d'argent cantonnée au deux et troisième canton de deux molettes d'éperon d'or.

AISANT (JACQUES), prévôt du comte d'Auxerre, en 1277.

AISEY, en Bourgogne : burelé d'or et de gueules de dix pièces.

AISNÉ (L'), de Parville : d'azur, à une croix alaisée d'or, accompagnée de trois étoiles de même, deux en chef et une en pointe.

AISY (JEAN), mentionné dans un rôle de Bourgogne de 1410.

AISSE, originaire du pays de Liége : d'argent, à trois peignes de gueules.

AISSONVILLE, en Vermandois, famille rapportée dans des titres de 1217.

AIX, ville de Provence : d'or, à quatre pals de gueules et un chef tiercé en pal, au 1er d'argent à une croix potencée d'or, cantonnée de quatre croisettes de même; au 2 d'azur, semé de fleurs de lys d'or, brisé en chef d'un lambel de cinq pendants de gueules; et au 3 d'azur, semé de fleurs de lys d'or, à la bordure de gueules.

AIXANT, en Bourgogne: d'azur, à la bande d'or, chargée d'une vivre en fasce; accompagnée de trois étoiles de même, deux en chef et une pointe.

AIZANVILLE (Chastenay d'), à Langres: d'argent, à un coq de sinople, crêté, becqué, barbé, onglé et couronné de gueules, ayant la patte dextre levée.

AIZE: burelé d'argent et de gueules de dix pièces.

AJASSON, en Berry: de sable, à la fasce fuselée d'argent.

AJON, en Normandie: à l'aigle éployée et abaissée de sable, surmontée d'une trangle de gueules chargée de trois étoiles d'argent, au chef dénué.

AJONI DE FOIX: écartelé, au 1er et 4 d'or, à trois pals de gueules; au 2 et 3 d'or, à deux taureaux de gueules, passants l'un sur l'autre; sur le tout d'argent, à trois fasces ondées de gueules; au chef d'azur, chargé de trois coquilles d'argent.

ALABAT, en Berry: écartelé, au 1er et 4 de gueules, à six grillets d'or, posés trois, deux et un; au 2 et 3 d'argent, au chevron de sable, accompagné de trois perroquets de sinople, becqués et membrés de gueules; au chef de même, chargé de trois béliers passants et accornés d'argent.

ALADENT, famille mentionnée dans des titres de 1383.

ALAGNI, d'or, à la croix de gueules, chargée de cinq fleurs de lys d'argent.

ALAGONIA, en Provence, famille éteinte, qui portait: d'argent, à six tourteaux de sable, posés en pal, trois et trois.

ALAIGRE, au Perche: de gueules, à la tour d'argent, le champ semé de fleurs de lys d'or.

ALAIN, en Bretagne: d'or, à dix losanges de gueules.

ALAIN DE BEAUMONT: d'argent, à trois pieds de vache de gueules, coupés et onglés d'or.

ALAIRAC: famille mentionnée dans un rôle de Languedoc, de 1182.

ALAIRE: de gueules, au chevron d'or, accompagné de trois papillons volants d'argent.

ALAIX, en Bretagne: d'azur, à trois quintefeuilles d'argent percées d'or.

ALAIZE (Eterno d'): de gueules, à une fasce d'argent, accompagnée de trois arrêts de lance de même.

ALALIN (Jacques), mentionné dans des titres de 1531.

ALAMAND, en Dauphiné: de gueules, semé de fleurs de

lys d'or, à la cotice d'argent brochante sur le tout. Une branche établie en Provence portait : bandé d'or et de gueules, écartelé de cinq points d'or, équipolés de quatre d'azur.

ALAMANON : tranché d'argent et de sable, diapré de l'un et de l'autre.

ALAMANON-LE-ROUX, en Provence : d'argent, à trois pals de gueules, à la bande d'azur, brochante sur le tout, chargée de trois besans d'or.

ALAMARTINE : de gueules à deux fasces d'or, à un trèfle de même entre les deux fasces.

ALANCÉ (LE VACHER D') : d'or, à trois têtes de vaches, de gueules.

ALANT, procureur-général de la cour des aides de Paris, en 1433.

ALARD, en Provence : d'argent, à trois bandes de gueules, chargées chacune d'une fleur de lys d'or.

ALARI, d'Albi en Languedoc : d'azur au coq d'or ; écartelé de gueules, au demi-vol d'argent, au chef d'or, chargé d'un coq de gueules, onglé, crêté et barbé de même.

ALARI, autre famille du Languedoc : d'azur, à la harpe d'or.

ALART, mentionné dans les titres des 15e et 16e siècles.

ALAUZIER, en Languedoc : d'azur bordé d'or, à la croix vidée et alaisée de gueules brochante sur le tout.

ALAUZON : coupé de gueules et d'argent, à deux roses de l'un en l'autre.

ALAZAR, en Provence : d'azur au vol d'or.

ALB, en Alsace : d'argent, parti de gueules à la fleur de lys sur le tout, parti de l'un en l'autre.

ALBA, en Lorraine : d'or à la fasce d'azur, chargée d'une hermine passante d'argent.

ALBA, de Parroye : de gueules, au chevron d'argent, accompagné en chef de deux étoiles de même, et en pointe d'un croissant montant aussi d'argent.

ALBA, aussi en Lorraine : d'or, au chevron de gueules, au chef d'azur, chargé d'une levrette issante d'argent, colletée de gueules, et bouclée d'or, accompagnée de deux étoiles d'argent.

ALBAIGNE (SAINT-JULLIEN D'), en Languedoc : d'azur, à deux lions d'or affrontés, accompagnés en chef d'une fleur de lys aussi d'or, et en pointe d'une colombe d'argent, tenant dans son bec un rameau d'olivier de sinople.

ALBALESTRIER, en Languedoc : de gueules, au chevron d'argent, chargé de quatre pommes de pin de sinople.

ALBANEL (Gaspard), échevin de la ville de Lyon, en 1716 : d'azur, au chevron d'argent, accompagné de deux étoiles en chef et d'un croissant de même en pointe.

ALBANETTE, de Cessieux.

ALBANI : d'azur, à la fasce d'or, accompagnée en chef d'une étoile à huit rais, et en pointe d'une montagne de trois coupeaux, le tout de même.

ALBARET (Pierre), avocat, capitoul de Toulouse, en 1770.

ALBARON (Pierre d'), seigneur provençal, compris dans un rôle de Languedoc, de 1191 : d'azur, au lambel d'or.

ALBAS (Guillaume d'), compris dans un rôle de Languedoc, de 1232.

ALBEMARE, un des capitaines qui accompagnèrent Guillaume le Conquérant, à la conquête de l'Angleterre.

ALBEMARLE (Le comte d'), commandant le camp de Denain, en 1712.

ALBENAC DE CHATELBOUC, en Languedoc, appelé à l'arrière-ban de 1575.

ALBENAS, en Languedoc : de gueules, à un demi-vol d'argent, accompagné de trois étoiles de même.

ALBENQUE (Antoine d'), capitoul de Toulouse en 1652.

ALBERGUE (Guillaume d'), capitoul de Toulouse, en 1690.

ALBERIC (Arnaud d'), capitoul de Toulouse, en 1340.

ALBERON, en Provence : écartelé, d'or et de gueules, à deux lions et deux tours de même, de l'un en l'autre.

ALBERON DE LERS : d'or, au lion de gueules.

ALBERT : de gueules, au T d'or, soutenu d'une main d'argent, sortant d'une manche d'azur, à une fleur de lys au-dessus.

ALBERT, en Provence : de gueules, à trois croissants d'or.

ALBERT DE GIRONCOURT, en Lorraine : d'azur, au limaçon rayé de sable et posé en pal, chappé d'or.

ALBERT DE LUYNES et DE CHEVREUSE : écartelé au 1er et 4 d'azur, à quatre chaînes d'argent en sautoir, aboutissant en cœur à un anneau de même; au 2 et 3 d'or, au lion de gueules couronné, armé et lampassé de même et sur le tout d'or, au pal de gueules, chargé de trois chevrons d'argent. Les branches de Chaulnes d'Albert-d'Ailly, de Brantes-Luxembourg-Piney, de Boussargues, de Montclus-Montdragon-Saint-André, sont de la même maison.

ALBERT DE MARVALIÈRE : d'azur, au chevron d'or, accompagné de deux étoiles et d'un croissant d'argent, au chef cousu de sable, chargé de trois cors de chasse d'argent, liés de même.

ALBERT (PONTE D') : d'argent, au sautoir de gueules.

ALBERT, seigneur de Seillans, en Provence : échiqueté d'or et d'azur, au chef d'argent, chargé de trois demi-vols de sable.

ALBERT (JEAN-BERNARD), capitoul de Toulouse, en 1663.

ALBERTAS, en Provence : échiqueté d'or et d'azur, au chef d'argent chargé de trois demi-vols de sable.

ALBERTAS, en Provence : de gueules, au loup ravissant d'or. Devise : *Talis noster amor.*

ALBERTINO : d'azur, à l'aigle d'argent, couronnée, becquée et membrée d'or, à une fasce de gueules, chargée de quatre fleurs de lys d'or, brochantes sur le tout.

ALBESSARD. Cette famille a fourni un président à mortier au parlement de Bordeaux en 1726, et des avocats-généraux en 1702 et 1739.

ALBEZE (CHEVALIER D'), compris dans un rôle de Languedoc de 1241.

ALBI WEISS : d'azur, au Pégase d'or ; anciennement elle écartelait de sable, à la croix d'or.

ALBIA (BAPTISTE D'), reçu conseiller au parlement de Paris, en 1315.

ALBIAC DE FERRAIGNE : de gueules, à la bande d'argent, accompagnée de deux lions d'or.

ALBIAN (SICARD D'), compris dans un rôle de Languedoc de 1338.

ALBIAT, en Auvergne ; il y a eu de cette famille un procureur-général de la cour des aides de Clermont, et elle est mentionnée dans des titres de 1555, 1556, 1642 est 1696.

ALBIGNAC, en Rouergue et en Languedoc : d'azur, à trois pommes de pin d'or, au chef de même ; écartelé de gueules, au lion d'or. Devise : *Nihil in me nisi valor.*

ALBIGNY, en Provence : d'or, semé de tours et de fleurs de lys d'azur, sans nombre.

ALBINOT, en Provence : d'azur, à la bande d'argent, chargée de trois cœurs de gueules.

ALBIS ou ALBI, en Provence : de gueules, à la bande d'argent, accompagnée de deux cœurs d'or.

ALBIS, en Rouergue : d'azur, au cygne passant d'argent, accosté en chef de deux étoiles de même, et surmonté d'un croissant aussi d'argent.

ALBIS, de Castres, en Languedoc ; famille rapportée dans des titres de 1647.

ALBISE, en Provence : d'or, à la croix losangée de gueules.

ALBISSE (ROBERT), échevin de la ville de Lyon en 1524.

ALBISSY, en Provence : de gueules, à deux anneaux d'or, l'un en l'autre ; au chef d'argent, chargé d'une croix de sable.

ALBO (JEAN), écuyer, baron de Launaguet, capitoul de Toulouse en 1676.

ALBON, en Lyonnais : écartelé au 1er et 4 d'or, à la croix de sable, et au 2 et 3 d'or, au dauphin d'azur, crêté et oreillé de gueules ; cette maison portait autrefois : d'azur, à une perdrix d'argent.

ALBONAS, en Provence : d'argent, à trois bandes d'azur, au chef de gueules, chargé d'un soleil d'or.

ALBOUY DE MONTROSIER, en Rouergue : d'azur, au chêne d'argent fruité d'or, accompagné à dextre d'une main de carnation, tenant une épée d'argent garnie d'or.

ALBRET, en Gascogne : écartelé au 1er et 4 de France, et au 2 et 3 d'Albret, qui est de gueules plein, à bordure engrêlée d'argent.

ALBUQUERQUE : d'argent, à quatre lions de pourpre cantonnés, et une losange de gueules en cœur, chargée d'un château d'or.

ALBY, en Dauphiné : d'azur, à deux épées d'argent mises en sautoir, la pointe en haut ; au chef cousu de gueules chargé de trois étoiles d'or.

ALBY, en Provence : de gueules à la bande d'argent accompagnée de deux cœurs d'or. Devise : *Toujours fidèle*.

ALCALA (GUILLAUME D'), compris dans un rôle de Languedoc de 1207.

ALCAN, en Provence : d'azur, à trois chevrons d'or, accompagnés de trois besans de même.

ALCHEIDT, en Lorraine : écartelé d'or et d'azur, au

griffon d'or, onglé et lampassé de gueules, de l'un en l'autre, tenant de la patte dextre une hache d'armes de gueules.

ALCOUFFE, en Lorraine : d'azur, à deux épées d'argent, passées en sautoir, au lion de sable, brochant sur le tout.

ALDART, en Gâtinais : d'argent, à une fasce câblée de gueules et de sinople, accompagnée en chef de deux étoiles de gueules, et en pointe d'un croissant de même, sur le tout d'argent, à une main sénestre appaumée, et posée en pal de sable.

ALDAT, à Tonnerre : d'azur, à une épée d'argent en pal, surmontée d'une couronne et de deux fleurs de lys d'or, l'épée garnie de même.

ALDEBERT, de Narbonne, en Languedoc ; famille rapportée dans des titres depuis 1557.

ALDEGONDE (Sainte), en Cambrésis et en Bretagne : d'hermines, à la croix de gueules, chargée de cinq quintefeuilles d'or ; écartelé d'or, à la bande de sable, chargée de trois coquilles d'argent.

ALDIGUIER (Antoine), capitoul de Toulouse en 1603.

ALDOGNI : de gueules, à trois fleurs de lys d'argent.

ALDRIC (Pierre), capitoul de Toulouse en 1337.

ALDRICI (Aldric), capitoul de Toulouse en 1346.

ALEGAMBE : de gueules, à trois croix alaisées d'or.

ALEGRE, en Auvergne : de gueules, à la tour d'argent, maçonnée de sable, accostée de six fleurs de lys d'or posées en pal.

ALEINVILLE, mentionné dans des titres de 1334.

ALEMAN, en Bugey, de sable, au lion d'argent, couronné et armé de gueules.

ALEMAN-MOLPRÉ : de gueules, à trois aigles d'or, posées deux et une.

ALEMAN-PASQUIER, en Dauphiné : de gueules semé de fleurs de lys d'or, à la bande d'argent brochante sur le tout.

ALÉMAN (Charles), un des chevaliers de Malte qui, en 1480, se trouvèrent à la défense de Rhodes.

ALEMAN (Jean), capitoul de Toulouse en 1536.

ALEMAND (Jean), capitoul de Toulouse en 1527.

ALEMAGNE, en Provence : de gueules, au château d'or.

ALEMBON, en Boulenois : famille rapportée dans des titres depuis 1120.

ALEN DE SAINT-WOLSTONS, maison originaire d'Irlande, mais établie en France ; d'argent, au chevron de gueules, accompagné de trois besans de même, deux et un, chargés chacun d'un chien courant d'argent ; au chef d'azur, chargé d'un lion d'argent, herminé, accosté de deux croissants renversés, aussi d'argent, herminés de sable. Devise : *Fortis et fidelis.*

ALENAY (GAUTIER D'), mentionné dans un rôle de Bourgogne de 1417.

ALENC (RENAUD D'), en Provence.

ALENÇON, duché-pairie : de France, à la bordure de gueules, de huit besans d'argent.

ALENÇON, famille de Normandie : d'argent, au chevron de gueules, accompagné de trois aigles de sable, deux en chef et une en pointe.

ALENÇON, en Lorraine : d'azur, à la fasce d'or, accompagnée en chef d'un lévrier d'argent, colleté de gueules.

ALENCOURT : d'azur, au chevron d'or contre-écartelé de gueules, à la croix dentelée d'argent.

ALENDUY, en Champagne : d'azur, à trois pots d'argent.

ALENNES, en Cambrésis : d'or, à dix losanges de gueules, posées trois, trois, trois et une.

ALÉNONCOURT, en Picardie : d'argent, à trois écussons de gueules.

ALEPY, à Salins : d'argent, au pin de sinople, fruité de pourpre ; écartelé d'azur, à trois bonnets d'albanais d'or.

ALES, en Touraine : de gueules, à la fasce d'argent, accompagnée de trois merlettes de même.

ALESCHAMPS : d'or, au chevron de gueules, accompagné de trois écrevisses de même.

ALESSO, seigneur d'Esraigny : d'azur, au sautoir d'or, cantonné de quatre limaçons de même. Devise : *Charitatis opus.*

ALEST, en Provence : d'azur, au vol étendu d'or.

ALESTI, de Nîmes, en Languedoc, famille rapportée dans des titres de 1550.

ALETS, en Dunois : de gueules, à la fasce d'argent, accompagnée de trois merlettes de même.

ALEXANDRE : d'or, au renard d'azur, la tête contournée, au chef de gueules, chargé de trois roses d'or.

ALEXANDRE, en Auvergne : d'argent, à l'aigle à deux têtes ; sur chacune une fleur de lys de gueules.

ALEXANDRE LA CHAPELLE D'ANDELOT : d'or, à

l'aigle éployée de sable, surmontée de deux étoiles de gueules.

ALEXANDRE DE HANACHE, en Picardie : d'argent, à une aigle éployée de gueules, becquée et onglée d'or.

ALEXANDRE DE LA LONDE, en Normandie : coupé d'azur et de gueules, à la fasce d'argent, accompagnée en chef d'un croissant d'or, et en pointe d'un trèfle d'argent.

ALEXANDRE-DU-VIVIER : d'argent, à l'aigle éployée de gueules.

ALEYRAC, en Languedoc et en Vivarais : écartelé d'azur, le 1 et 4 chargé d'un demi-vol dextre d'or ; le 2 et 3 d'une tour donjonnée de trois pièces d'argent, maçonnée de sable. La branche aînée porte le demi-vol abaissé; et la puînée, le vol étendu.

ALFANTI, en Provence : d'or, à l'ours passant de sable, au chef d'azur, chargé d'un croissant d'or, accosté de deux étoiles de même.

ALFAR. (Hugues d'), sénéchal d'Agénois, en 1211.

ALFONSE, en Languedoc : d'azur, à deux lions d'or affrontés, soutenant une fleur de lys de même.

ALFONT, au comtat Vénaissin.

ALGAIS (Martin l'), compris dans un rôle de Languedoc, de 1211.

ALIAN, en Dauphiné.

ALIBEL DE LASES : de sinople, semé de rustres et de points d'argent, parti d'hermines.

ALIBERT, en Languedoc, fit hommage pour la baronnie de Mons, en 1722.

ALIBERT, en Orléanais.

ALICHAMP, en Champagne : d'azur, au chevron d'or, accompagné de trois roses de même.

ALICHOUX, DE SÉNÉGRA.

ALIDAY DE CHERVÈS, famille noble mentionnée dans des titres de 1529 et 1557.

ALIENAC (Christophe d'), compris dans un rôle de Languedoc de 1423.

ALIER, mentionné dans des titres des 14e et 15e siècles.

ALIES, en Dauphiné : écartelé au 1 et 4 d'azur, au lévrier courant d'argent; au 2 et 3 fascé d'argent et de gueules; à la bande d'or chargée de trois molettes d'azur.

ALIÉS (Guillaume d'), capitoul de Toulouse, en 1631.

ALIGARD, seigneur des Bois, en Normandie : d'argent, à trois gamma grecs de sable.

ALIGER, seigneur de Saint-Ciran, en Champagne : de gueules, à trois fasces d'or.

ALIGNY (Quarré d'), en Bourgogne : échiqueté d'azur et d'argent, au chef d'or, chargé d'un lion passant de sable, armé, lampassé et couronné de gueules.

ALIGRE : burelé d'or et d'azur, de dix pièces, au chef d'azur, chargé de trois soleils d'or.

ALINCOURT (Neuville d') : d'azur, au chevron d'or, accompagné de trois croix ancrées de même.

ALINGES : de gueules, à la croix d'or.

ALINGRIN, en Rouergue : d'argent, au chevron de sable, chargé à la pointe d'une étoile à six rais d'argent et accompagné de trois hermines de sable.

ALINGTON, en Normandie ; famille rapportée dans des titres de 1420 et 1422.

ALIX, famille de Franche-Comté.

ALIX, en Lorraine : d'azur, à trois massacres de cerf d'or.

ALIXAND, en Bourgogne : d'azur, à la bande d'or accompagnée de trois étoiles de même, deux en chef et une en pointe; au chef d'argent, chargé d'une vivre d'azur.

ALIZON, procureur-général en la chambre des comptes de Montpellier.

ALIZOUN (jean), seigneur de la Roche-Saint-Angel, capitoul de Toulouse, en 1694.

ALLAIN, en Normandie : d'azur, au chevron d'argent, accompagné en pointe d'un besan de même.

ALLAIN, seigneur d'Aumontant, en Normandie : de gueules, au chevron d'argent, accompagné de trois coquilles de même, deux en chef et une en pointe.

ALLAIN, seigneur de Bertinières, en Normandie : d'argent, à trois merlettes de gueules, deux et une; au chef d'azur, chargé de trois étoiles d'or.

ALLAIN DE LA VIGERIE, en Provence : d'argent, à dix losanges de gueules, quatre, trois, deux et une.

ALLAIRE. Voyez Alaire.

ALLAMONT, en Lorraine : de gueules, au croissant d'argent, au chef de même, paré d'un lambel d'azur.

ALLARD, en Dauphiné : d'or, au chevron de sable, accompagné de trois étoiles d'azur, rangées en chef, et d'un croissant de gueules en pointe.

ALLARD, en Normandie : d'azur, à trois étoiles d'or, posées deux et une; la dernière accompagnée de trois croissants d'argent, mal ordonnés.

ALLARD, en Provence : d'azur, à trois barres d'argent, supportant une trangle d'azur chargée de trois fleurs de lys d'or, au chef cousu de gueules chargé de deux demi-vols d'argent , surmonté d'un vol de même.

ALLARD DE SARDON, en Lyonnais : écartelé au 1 et 4 de gueules au chevron d'argent, accompagné d'un croissant de même en pointe ; au chef d'or, chargé de trois étoiles du champ ; au 2 et 3 d'azur, à la bande d'or, chargée de trois alérions d'azur.

ALLARD (Jean), échevin de Paris en 1518 : d'azur, au chevron d'or, chargé en chef d'une tête de maure de sable, bandée d'argent, et accompagnée de trois roses du second.

ALLARD, député de la noblesse du bailliage de Saint-Pierre-le-Moustier aux états généraux de 1789.

ALLART, seigneur de Beaumont, à Langres : d'azur, à la fasce d'or, chargée d'une rose de gueules, entre deux coquilles de même, et accompagnée de trois besans d'argent, deux en chef et un en pointe.

ALLARY, en Languedoc : écartelé, au 1 et 4 d'azur, au cor de chasse d'or ; au 2 et 3 de gueules, à un vol d'or.

ALLAYER, seigneur du Poil.

ALLEAUME, en Brie : d'azur, au chevron de trois pièces d'or, accompagné de trois besans de même. Devise : *Nutrit.*

ALLEAUME, en Normandie : d'azur, au chevron d'or, accompagné en chef de deux roses, et en pointe d'un oiseau, la tête couronnée, surmontée d'une étoile, le tout de même.

ALLEAUME, seigneur de Triel : d'azur, à trois coqs d'or.

ALLÈGRE. Voyez ALÈGRE.

ALLEGRET, en Dauphiné : de gueules, à la croix d'or, cantonnée de quatre colombes d'argent.

ALLEGRIN, à Paris : parti d'argent et de gueules, à la croix ancrée de l'un en l'autre.

ALLEIN D'HEBRAIL, en Provence : d'or, à dix losanges, de gueules ; quatre et deux.

ALLEMAIGNE (Jean d'), l'un des chevaliers tués à la bataille de Poitiers.

ALLEMAN, de Nîmes, en Languedoc : d'azur, au demi-vol d'or, à la bordure de même, contre-bordée de gueules ; écartelé d'or à trois fasces de gueules.

ALLEMAN, en Dauphiné, d'où vient la maison d'Alleman-Roche-Chinard : de gueules, semé de France , à la bande et devise d'argent. Devise : *Tot in corde quot in armis*.

ALLEMAN DE MIRABEL : de gueules, au demi-vol d'argent.

ALLEMAND (Guillaume l'), maire de Poitiers, en 1296 : d'argent, au chevron d'azur, accompagné de trois fleurs de laurier au naturel.

ALLEMANS DE PASSY (l') : d'argent , au chevron d'azur, chargé de trois étoiles d'or, au chef de gueules, chargé de trois molettes d'éperon d'or.

ALLEMANS (Du Lau d') : d'or, au laurier de trois branches de sinople, au lion léopardé de gueules, brochant sur le fût du laurier, à la bordure d'azur, chargée de quinze besans d'argent.

ALLEMONY (Louis d'), chevalier de Malte en 1581.

ALLENAY (Vaudricourt d'), en Picardie : de gueules, à l'orle d'argent.

ALLENS DE SAINT ALOUARN : d'argent, à trois hures de sanglier de sable.

ALLEOUD , en Dauphiné : de gueules, semé d'épées d'argent garnies d'or.

ALLÉRAC, en Bretagne : d'argent, à l'aigle éployée de sable.

ALLERAY (Angrand d').

ALLERY-LANNOY, originaire de Picardie : d'argent, à trois lions de sinople, couronnés d'or, armés et lampassés de gueules.

ALLERY (Pierre), seigneur de Chanoilleau, maire de Niort en 1542.

ALLES, en Languedoc : d'argent, à deux vols d'aigle de sable, au chef d'azur chargé d'un soleil d'or.

ALLEURS-PUCHOT (des) : d'azur, à l'aigle éployée d'or, au chef de même.

ALLEUX (le Clerc des), en Picardie : d'argent au chevron d'azur, accompagné de trois roses de gueules.

ALLEVEMONT (Thiboutot d') : d'argent, au sautoir dentelé de gueules.

ALLI en Auvergne : de gueules , à la fasce ondée d'argent, accompagnée de six merlettes de même , trois en chef et trois en pointe.

ALLICOURT (Simon d'), mentionné dans un rôle de Bourgogne, en 1417.

ALLIER D'AUTERROCHE, en Lyonnais : parti d'azur,
à trois arbres de sinople, au chef cousu de gueules,
à un croissant d'argent, accompagné de deux étoiles
de même, et d'azur à la bande d'argent, chargée de
trois croisettes de gueules, accompagnées de deux demi-
vols d'aigle d'argent, en chef et en pointe.

ALLIET, en Normandie : d'azur, au lion armé et lampassé d'or.

ALLIGRE, famille mentionnée dans des titres de 1548.

ALLIGRET, en Berri : d'azur, au lion d'or, ténant de
la patte dextre une fleur de lys de même.

ALLIGRET, en Champagne et en Berri : d'azur, à trois
aigrettes d'argent, becquées et membrées de sable.

ALLIN, en Flandres : de gueules, à la fasce échiquetée
de sable et d'or, de trois traits.

ALLINGRE (FRANÇOIS D'), écuyer, sieur de Nalliers,
par le procès-verbal de Poitou de 1559.

ALLIOT, en Lorraine, originaire de Provence : d'azur,
à la fasce d'or, chargée à dextre d'un croissant de
gueules, accompagnée de quatre roses aussi d'or, trois
rangées en chef et une en pointe.

ALLOMONT DE BOLANDRE.

ALLONVILLE : de gueules, semé de fleurs de lys d'or.

ALLONVILLE, en Beauce et en Champagne : d'argent,
à deux fasces de sable.

ALLORGE, en Normandie : de gueules, à trois gerbes
de blé d'or, liées de même, accompagnées de sept
molettes d'éperon, aussi d'or, posées trois en chef, une
au milieu de l'écu, et trois en pointe, deux et une.

ALLOUARD-DE-MALIJAC, en Languedoc.

ALLURES, au comtat Venaissin.

ALLUYE (ESCOUBLEAU D'), en Poitou : parti d'azur et de
gueules, à la bande d'or, brochante sur le tout. Devise :
Mas dex ro.

ALLY (ROCHEFORT D'), en Auvergne : de gueules, à la
bande ondée d'argent, accompagnée de six merlettes de
même, mises en orle.

ALMERADE (PIERRE), chevalier, compris dans un rôle
de Languedoc de 1273.

ALMERAN, en Provence : écartelé au 1 et 4 d'argent,
à la comète à seize rais de gueules; au 2 et 3 échiqueté d'or et de gueules.

ALMERAS, en Languedoc : d'azur, au lion d'or, lampassé

et armé de gueules, au chef d'or, chargé de trois palmes de sinople, posées en bande.

ALNEQUIN D'ESTANIÈRES : d'azur, à la main d'argent, posée en pal.

ALOARD : d'argent, à la montagne de trois pièces de sinople, chargé de trois molettes de gueules.

ALOGNY ou ALOUGNY, en Berri, de gueules, à trois fleurs de lys d'argent. Une branche établie en Périgord portait cinq fleurs de lys d'argent en sautoir. Une autre branche, établie à Naples, portait : d'or, à la croix de gueules, chargée de cinq fleurs de lys d'argent.

ALOIS : de gueules, au lion d'argent. Devise : *So de qui so.*

ALONEAU DE LA BERTHONNIÈRE.

ALONS (DE RAIMONDIS D'), en Provence : d'or, à trois fasces d'azur, et à trois aigles de sable à deux têtes, les ailes étendues, posées entre les deux dernières fasces de l'écu.

ALOS : d'argent, à deux fasces d'azur, surmontées en chef de trois annelets de sable.

ALOST, de Gand : de sable, au chef d'argent à l'épée en pal sur le tout.

ALOST : d'argent, à une épée de gueules en pal, au premier quartier de l'écu un écusson de l'Empire, et au dernier celui de Flandres.

ALOU, seigneur d'Hémécourt : d'azur, au chevron d'or, chargé d'une quintefeuille de gueules et de deux trèfles de sinople, et accompagné de trois merlettes du second.

ALOU-LA-MOLETTE : d'or, au bœuf passant de gueules.

ALOUE DES AJOTS, en Poitou : d'argent, à deux chevrons de gueules, posés l'un au-dessus de l'autre, et accompagnés en chef de deux macles de sable.

ALOUESCO (PIERRE D'), damoiseau, armé chevalier par l'empereur Charles IV, en 1345.

ALOY, en Vermandois : d'argent, à la bande fuselée de sable.

ALPEN : de menu vair, au lion de gueules.

ALPHERAN : en Provence : écartelé, au 1 et 4 d'azur, au chevron d'or, accompagné en chef de deux étoiles d'argent, et en pointe d'un croissant montant de même; au 2 et 3 de gueules, au léopard d'or passant.

ALPHONSE, en Languedoc : d'or, au quarré d'azur, chargé d'une fleur de lys d'or, soutenue par deux ours de sable.

ALPINAC, en Dauphiné : écartelé, au 1 et 4 d'argent et de sinople, et contre-écartelé d'argent, au lion de gueules, à la bordure de sable, chargée de huit besans d'or; au 2 et 3 de sinople, au chef d'or, chargé de trois fleurs de lys d'azur.

ALPOZZO, originaire du Piémont, au service de France : écartelé, au 1 et 4 d'or, au puits maçonné de gueules, gardé par deux dragons de sinople; au 2 et 3 d'or, à l'aigle éployée et couronnée de sable.

ALQUIER (BERTRAND), de Cavaillon, damoiseau, mentionné dans des titres de 1338.

ALRIC, en Dauphiné : de gueules, au chevron d'or, au chef cousu d'azur, chargé d'une étoile de huit rais d'argent.

ALRICS DE CORNEILLAN (DES), en Dauphiné : de gueules, au chevron d'or, accompagné de trois croisettes de même, deux en chef et une en pointe ; au chef d'argent, chargé d'un soleil de gueules. Devise : *Tant qu'il luira.*

ALSACE-HENNIN-LIÉTARD : de gueules, à la bande d'or, accompagnée de six couronnes de même, mises en orle.

ALSÉRAC (LOUIS D'), gentilhomme, émigré, victime de Quiberon en 1795.

ALSINGEN, en Lorraine : d'argent, au chevron d'azur, accompagné de trois fleurs de lys de gueules.

ALTDORFF, en Alsace : d'azur, à trois fleurs de lys d'or.

ALTEMS : parti au 1 d'azur, à un bouc rampant d'or; au 2 de gueules, à trois aigles d'argent, couronnées, becquées et membrées d'or.

ALTERA (N... DES), chevau-léger de la garde du roi en 1702, chevalier de l'ordre royal et militaire de Saint-Louis.

ALTERMATH : d'azur, au chevron d'or, accompagné en chef de deux étoiles d'argent, et en pointe d'un trèfle de même.

ALTHAN : d'azur, à la fasce d'argent, et chargée d'un A de sable.

ALTIER, en Languedoc et en Provence : d'argent, à la bordure de gueules, au chef d'azur, brochant sur le tout.

ALTOVITI, en Provence : de sable, au loup d'argent.

ALUYN (LE SIRE D'), vassal du duc de Bourgogne en 1402.

ALVAIRE (Saint), marquis de Costanges, seigneur de Beduer, en Périgord : d'argent au lion de gueules couronné, accompagné de cinq étoiles de même en orle. .

ALVIMAR (Pierre), maréchal de camp en 1650.

ALVIN-CHOMBER : d'or, au lion coupé de gueules et de sinople.

ALVINART-DU-SOUCHET.

ALZAC (de Solages de Saint-Jean d'), en Rouergue : d'azur à un soleil d'or.

ALZATE D'URTUBIE, maison originaire d'Espagne, mais établie en France : d'argent, à trois fasces de gueules, chargées chacune de trois loups passants de sable.

ALZAU (Voisins-de-Pomas d'), en Languedoc : d'argent, à trois fusées de gueules, accolées en fasce.

ALZON (Guérin d'), reçu président au parlement de Paris en 1539.

ALZONNE (Arnaud et Bérenger Chevalier d') ; on voit leur sceau dans les antiquités du Languedoc.

AMADOR, famille rappelée dans des titres de 1388.

AMADOUR (Saint), en Bretagne : de gueules, à trois têtes de loup arrachées d'argent; aliàs, deux lévriers, à l'écu d'azur en abyme, chargée de trois fleurs de lys d'argent.

AMAGNONE (Arnaud), chevalier de Malte en 1480.

AMALBY : d'azur, à trois bandes d'or. .

AMALON, famille de Languedoc, mentionnée dans des titres de 1174.

AMALRIC : d'azur, au pin d'argent, au fût de sinople, chargée d'une croix de Malte d'or, émaillée d'argent ; accompagnée en chef de deux étoiles d'or, et en pointe d'un cerf passant de même; aliàs, de gueules, à trois bandes d'or.

AMALRIC, de Nîmes, en Languedoc : d'azur, à trois fasces d'argent, écartelé d'azur, au lion d'or, armé et lampassé de gueules. La branche établie à Beziers porte : écartelé, au 1 d'azur, au lion d'or; au 2 d'or, à trois soucis sinople; au 3 d'azur, à trois fasces d'argent; au 4 d'argent, au loup de sable.

AMALRY (Ranchin d'), en Languedoc : d'azur, à la fasce d'or, accompagnée de trois étoiles de même en chef, et en pointe d'un puits d'argent, maçonné de sable.

AMANCE, en Franche-Comté : fascé d'argent et de sable de six pièces.

AMANCES, en Lorraine : d'azur, à l'écusson d'argent.

AMANCHE (Michel d'), capitaine des arbalestriers de Bourgogne en 1406.

AMAND (Saint-) : de gueules, à l'aigle d'argent, parti d'or, semé de fleurs de lys d'azur.

AMAND (Saint-), en Normandie : fascé, ondé d'argent et d'azur, de six pièces, à la bordure composée d'or et d'azur.

AMAND (Saint-), en Normandie : losangé d'or et de sable.

AMAND (Saint-), ville de France, département du Nord : de sinople, au poignard d'argent, garni d'or et posé en pal, accosté de deux fleurs d'or.

AMAND-PEGNEGROLLES (de Saint-); cette famille a fourni un avocat-général au parlement de Toulouse en 1748.

AMANDES (Roquette d'), en Languedoc : de gueules, au rocher d'argent, au chef cousu d'azur, chargé de trois étoiles d'or.

AMANDRÉ.

AMANGES, ou AMANGIS, en Bourgogne : d'argent, fretté de sable, au chef de gueules.

AMANION DU FOSSAT, chevalier, compris dans un rôle de Languedoc de 1360.

AMANT : de sable, à une fille de carnation, les cheveux épars d'or.

AMANTAL : d'argent, à six fleurs de lys de sable.

AMANZÉ, en Languedoc et en Bourgogne : écartelé au 1 et 4 de gueules, à trois coquilles d'or; au 2 de gueules, à un pal de vair; au 3 d'azur, à trois fleurs de lys d'or, à la cotice de gueules, chargée de trois lionceaux d'argent.

AMARITHON DU BOSC, en Auvergne, dont un chevalier de l'ordre royal et militaire de Saint-Louis, en 1782.

AMARITON : de gueules, au lion d'or, au chef d'argent, chargé de trois étoiles d'or.

AMAT, en Bretagne : d'argent, à trois têtes de cormorans arrachées d'azur, becquées de gueules et allumées d'argent.

AMAT, en Dauphiné : de gueules, au dextrochère d'argent, armé de toutes pièces, tenant une épée de même garnie d'or, la pointe en haut, et mouvante d'un nuage aussi d'argent du côté sénestre.

AMAT (Jean), capitoul de Toulouse, en 1523.

AMATIS (Vital), capitoul de Toulouse, en 1286.

AMAUNAIS : d'argent, au perroquet au naturel, membré et becqué d'or.

AMAURY : d'azur, au chevron d'argent, accompagné de trois étoiles d'or en chef, et de trois roses de même en pointe.

AMAUSE : de gueules, à trois coquilles oreillées d'or.

AMBEL, en Dauphiné : d'or au moulin à vent, de deux tours, l'une quarrée et l'autre ronde, d'argent ; les ailes de gueules, bâti sur un tertre de sinople. Devise : *Sed virtus nescia frangi.*

AMBEL, en Languedoc, un chevalier de Malte, en 1517.

AMBELOT (Michel), capitoul de Toulouse, en 1596.

AMBERT, seigneur de la Tourette, en Querci.

AMBES : de gueules, à trois chevrons d'or.

AMBEZ (Guillaume), seigneur de Montastruc et de Brenac, capitoul de Toulouse, en 1645.

AMBLARD, en Agénois : d'azur, à une martre d'argent, rampante sur un palmier de sinople en pal, le tout mouvant d'une terrasse de même, au chef cousu de sable chargé de trois étoiles d'or.

AMBLARD (Pierre-Jean-François d'), capitoul de Toulouse, en 1752.

AMBLARDS (des) : d'argent, au lion de gueules, à une fasce d'azur brochante sur le tout, chargée de trois roses d'or.

AMBLECOURT : d'azur, à trois jumelles d'argent.

AMBLI, en Champagne : d'argent, à trois lions de sable, armés et lampassés de gueules.

AMBLOT : de sable, à la bande d'or, accompagnée en chef d'une molette d'éperon de même.

AMBLOY.

AMBOISE D'AUBIJOUX : pallé d'or et de gueules de six pièces. Devise : *Telis opponit acumen*, aliàs, *Nec me labor iste gravabit.*

AMBOISE, ville : d'or, à deux pals de gueules, au chef d'azur, chargé de trois fleurs de lys d'or.

AMBOISE (Clermont d'), en Anjou : écartelé au 1 et 4 d'azur, à trois chevrons d'or, le premier brisé ; au 2 et 3 pallé d'or et de gueules, de six pièces.

AMBONNAY (Girard d'), reçu conseiller au parlement de Paris, en 1366.

AMBRAY (Pierre), compris dans un rôle de Bretagne de 1488.

AMBRAY : d'azur, à trois tours d'argent, au lionceau d'or en abîme.

AMBRES (Gélas d') : écartelé, au 1er d'or, à quatre pals de gueules ; au 2 de gueules, à la croix vidée, cléchée, pommetée et alaisée d'or ; au 3 d'argent, à trois fusées accolées en fasce de gueules ; au 4 de gueules, au lion d'argent, couronné et lampassé d'or ; sur le tout d'azur au lion d'or.

AMBREU (Jehan d'), chevalier, compris dans un rôle de Bretagne, de 1490.

AMBREVILLE (Georges d'), reçu conseiller au parlement de Paris, en 1344.

AMBRINES, famille rapportée dans des titres de 1389.

AMBROIS (des), en Dauphiné : fretté d'argent et de gueules, cloué d'or, à la bande d'azur, chargée de trois fleurs de lys d'or, brochante sur le tout. Devise : *Sancte Ambrosi, tui sumus.*

AMBROISE, en Languedoc.

AMBROMMES (Vuitace d'), l'un des chevaliers tués à la bataille d'Azincourt, en 1415.

AMBRUGEAC, d'Auches, dont un comte de ce nom lieutenant-colonel du régiment du Maine, en 1776, et chevalier de l'ordre royal et militaire de Saint-Louis.

AMBRUN, en Dauphiné : de gueules, à la croix d'argent.

AMBRY (Guillaume), capitoul de Toulouse, en 1487.

AMÉ, de Champagne : d'or, à trois œillets de gueules, tigés de sinople, au chef d'azur, chargé de deux colombes d'argent.

AMÉDÉE, en Provence : d'azur, à une fleur de lys d'argent en cœur, cantonnée de quatre croissants de même.

AMECOURT (Hector d'), écuyer, vivant en 1366, portait : d'or, à trois pals de sable.

AMEDIEU, famille rapportée dans des titres de 1459.

AMÉDOR DE MOLLAU : de gueules, à la croix de Lorraine d'or, cantonnée de quatre trèfles de même.

AMEDROZ, dont un maréchal de camp de ce nom, en 1784.

AMELAINE, famille mentionnée dans des titres de 1612 et 1636.

AMÉLECOURT (Rennel d'), en Lorraine : écartelé au 1er et 4 d'azur, à la croix ancrée d'or, chargée en cœur d'une boule de gueules ; au 2 et 3 d'or, au lion de sable, armé et lampassé de gueules, chargé sur l'épaule sénestre d'un écusson d'argent.

AMELESCOURT (ROBERT D'), chevalier, vicomte de Poix, par titres de Lannoy, de 1243.

AMELI (RAIMOND), capitoul de Toulouse, en 1310.

AMELIN D'ÉPINAY, receveur général des aides à Rouen, en 1500.

AMELINE, seigneur de Quincy : d'argent, à trois bandes de gueules, au chef d'azur, chargé d'un soleil d'or.

AMELOT DE CHAILLOU : d'azur, à trois cœurs d'or, surmonté d'un soleil de même.

AMELOT DE MAUREGAR : écartelé, au 1 et 4 d'argent, à une fasce de gueules chargée d'un léopard d'or, et accompagnée en pointe d'une molette d'azur; au 2 contre-écartelé d'or, à trois merlettes de sable; au 3 d'azur, à trois pals d'or ; sur le tout d'Amelot.

AMELOY (PIERRE), capitoul de Toulouse, en 1512.

AMENARD : bandé d'argent et d'azur de six pièces.

AMERANCOURT : échiqueté d'or et d'azur.

AMERCOURT, en Normandie ; famille rapportée dans des titres de 1166.

AMEROGHEN : d'argent, à la fasce de gueules.

AMERVAL, en Picardie et en Hainaut. La branche des seigneurs de Liancourt et de Benais, éteinte, portait : d'argent, à trois tourteaux de gueules. La devise ou cri : *Boulogne*. Celles des seigneurs de Bîecourt et de Fauneux, portent les mêmes armes. Celle des seigneurs de Fresne, porte : d'azur, à trois besans d'argent.

AMERVAL D'ARCHEVILLIERS : de gueules, à trois besans d'argent.

AMFERNET (D'), en Normandie : de sable, à l'aigle éployée d'argent, à la bordure de gueules.

AMFRINVILLE PORRIER : d'azur, au chevron d'or, accompagné de deux étoiles de même en chef, et d'un croissant d'argent en pointe.

AMIART, en Bourgogne : d'azur, à la fasce d'or, accompagnée de trois coquilles d'argent.

AMIAULT (BARTHELEMY), capitoul de Toulouse, en 1676.

AMIC (JEAN), écuyer, compris dans une montre du 26 avril 1427.

AMICY (JEAN), chevalier, viguier de Toulouse, capitoul en 1461.

AMIEL (Pierre), seigneur de Treville, capitoul de Toulouse, en 1508.

AMIENS, ville de Picardie : de gueules, à une vigne d'argent, au chef cousu d'azur, chargé de trois fleurs de lys d'or.

AMIENS : d'azur, à trois panaches d'or.

AMIENS DE LA BOISSIÈRE : de gueules, à trois chevrons de vair.

AMIEU (Pierre), écuyer, capitoul de Toulouse, en 1711.

AMIGNY, famille mentionnée dans des titres de 1189.

AMIGNY (Leroy d') : d'argent, à trois merlettes de sable.

AMILLY, en Picardie : d'argent, à l'aigle éployée de sable.

AMIOT : d'azur, au chevron d'or, chargé d'un croissant de gueules, et accompagné en chef de deux trèfles d'or, et en pointe d'une étoile de même.

AMIOT : d'argent, et chevron d'azur, la pointe chargée d'une étoile d'or, accompagnée de trois trèfles du second.

AMIOT, à Salins : d'azur, au chevron d'or accompagné de deux trèfles de même en chef, et en pointe de deux osselets de morts mis en sautoir d'argent.

AMIOT, seigneur du Boisrayer, en Normandie : d'argent, à quatre fasces de sable, au lion de même, brochants sur le tout,

AMIOT ou AMYOT, de Paris : d'azur, à trois fasces d'or, à la bande d'argent, chargée de trois mouchetures d'hermines de sable, posées dans le sens de la bande.

AMITY (Arnaud), capitoul de Toulouse, en 1397.

AMMÈRES, compris dans le rôle des nobles de la Sergenterie du Tourneur, en Normandie, en 1463.

AMMEVAL, seigneur de Cerfontaine, en Normandie : d'azur, au croissant d'argent, accompagné de trois molettes d'éperon d'or.

AMOINGES (Guy), mentionné dans un rôle de Bourgogne de 1414.

AMONCOURT DE PIÉPAPE, en Lorraine et en Champagne : de gueules, au sautoir d'or ; aliàs, d'azur, au sautoir d'argent.

AMOND, trésorier général du marc d'or.

AMONNET, de Saumur : d'azur, à deux panaches d'argent, posés en sautoir, et cantonnés de quatre étoiles à six rais d'or.

AMONVILLE, seigneur de Groham, du Plessis, en Normandie : d'azur, au chevron d'argent, accompagné de trois tours de même.

AMONVILLE (Lacour d'), en Gâtinais : d'argent, à trois couronnes ducales de gueules.

AMORAUDAYE ou AMORODAYE : de sable, à trois fleurs de lys d'argent.

AMORESAN, seigneur de Précigny, conseiller au parlement : de sable, à la fasce ondée d'or.

AMORIQ, en Bretagne : d'azur, à sept fleurs de lys d'argent.

AMOROT : d'azur, au cygne d'argent surmonté d'une étoile d'or.

AMORY : d'azur, au chevron abaissé d'argent, accompagné de trois étoiles d'or en chef, et en pointe, de trois roses mal ordonnées de même.

AMOUR (de Saint-) : d'argent, à trois bâtons de gueules, à une molette d'or.

AMOUR (Saint-), en Franche-Comté : d'azur, au lion d'or, couronné d'argent, armé et lampassé de sable.

AMOUR (Saint-), de Genort : écartelé de gueules, au chevron d'argent, et d'azur, à trois roses d'or, au chef cousu de gueules.

AMOURS, seigneur de la Londe, en Normandie : d'argent, à trois étoiles de sable.

AMOURS, seigneur de Saint-Martin-de-Lezon, en Normandie : d'argent, à trois lacs d'amour de sable.

AMOURS DE COURCELLES, en Normandie : d'argent, au porc de sable, accompagné en chef de trois clous de même, rangés en fasce, surmontés d'un lambel de gueules.

AMOY (Guillard d') : de gueules, à deux bourdons de pèlerin d'or, posés en chevron, accompagnés de trois montagnes d'argent.

AMPHAIRNEL, président à mortier au parlement de Rennes, en 1620, depuis conseiller d'état.

AMPILLY, alcade des états de Bourgogne, en 1653.

AMPLEMAN DE LA CRESSONNIÈRE, en Picardie : d'argent, à trois aigles éployées de sable. Les cadets de cette famille prennent pour brisure un chevron d'azur.

AMPLIGNY (le Pileur d') : d'azur, au lion d'or, au chef d'argent, chargé de trois pélicans de sable.

AMPRIX (Jean d'), de la sergenterie de Tournebut, en Normandie, trouvé noble dans la recherche de 1463.

AMPROUX, en Bretagne : de sinople, à trois larmes d'argent.

AMPUS (LAURENS D') : écartelé, au 1 et 4 d'argent, à la bande de sinople, accostée de deux cotices de gueules ; au 2 et 3 de gueules, à la tour d'or, donjonnée de trois pièces ; sur le tout d'or, à deux palmes adossées de sinople, au chef d'azur, chargé de trois étoiles du champ.

AMSQUER, en Bretagne : d'argent, à cinq losanges de gueules, posées en sautoir.

AMSTEL : d'or, à la fasce de sable, au sautoir échiqueté d'argent et de gueules de deux traits, brochant sur le tout.

AMTIGNY : d'or, au lion naissant de sable.

AMUIRAY MOCHONVILLE : de gueules, à une fasce d'argent, chargée de trois croix du champ, surmontée d'un croissant du second.

AMY. Voyez BELLOY.

AMY, en Berry : d'azur, à un visage de femme d'argent, aux cheveux en tresses d'or.

AMY (GUILLAUME), échevin de Paris en 1670 : de gueules, au chevron de trois pièces d'argent, accompagné en chef de deux colombes de même.

ANALE (JEAN), chevalier de Malte, en 1522.

ANALHAC, mentionné dans des titres de 1283.

ANASE : pallé d'argent et de guèules, de quatre pièces, parti d'or, à l'aigle de sable.

ANAST, en Bourgogne et en Bretagne : d'or, à la croix engrêlée de sable, cantonnée de quatre étoiles de même.

ANASTHASE, en Provence.

ANCA (JEAN), capitoul de Toulouse, en 1328.

ANCEAU : d'or, au dragon ou basilic ailé et couronné de sinople.

ANCEAU (JEAN), écuyer, seigneur de Lavelanet, capitoul de Toulouse, en 1675.

ANCEAU DE LAFORCE, en Normandie : d'azur, à la tour d'or, de laquelle est issant un lion d'argent tenant une épée.

ANCEAUME.

ANCEL, en Normandie : d'or, à une fasce d'azur, accompagnée en chef d'un lion naissant de gueules, et en pointe de trois trèfles de sinople, posés deux et un.

ANCEL, seigneur des Granges : d'azur, au croissant d'argent, surmonté d'une étoile de même.

ANCEL, en Berry : de sable, à trois lionceaux d'argent, deux et un; au chef d'hermines, chargé de trois pals flamboyants de gueules.

ANCELIN, seigneur de la Forge, de Franconville et du Belloy : écartelé au 1 et 4 d'azur, à une fleur de lys d'or; au 2 et 3 d'argent, au dauphin vif d'azur, peautré, lorré et couronné de gueules; sur le tout, parti d'or et d'argent, au lion de gueules, brochant sur le tout.

ANCELINE, mentionné dans des titres de 1655.

ANCELLON : de gueules, semé de fleurs de lys d'or, au franc canton de même.

ANCENIS, en Bretagne : de gueules, à trois quintefeuilles d'hermines.

ANCERVILLE (Ruau d'), en Dauphiné : d'or, à trois roseaux de sinople, mouvants d'une rivière d'argent, au chef d'azur, chargé de trois étoiles d'or.

ANCEZUNE, au comtat Vénaissin et en Provence : de gueules, à deux dragons monstrueux à faces humaines, affrontés d'or ayant leurs barbes en serpenteaux.

ANCHÉ : de sable, au lion d'argent, armé, lampassé et couronné de gueules.

ANCHEMENT, en Bourgogne : d'azur, au chevron d'or, accompagné de trois anilles de même.

ANCHERIUS (des), de Verdun : de gueules, à une tour d'or; parti de gueules, et une demi-tête de cerf d'or.

ANCHIER, procureur-général au parlement de Paris, en 1385.

ANCHRE : d'or, au chevron d'azur, accompagné en pointe d'une ancre de sable; au chef du second, chargé de trois merlettes du champ.

ANCIAC DE DIÈME.

ANCIENVILLE, en Champagne : de gueules, à trois marteaux de maçon d'argent, dentelés et emboutés d'or.

ANCILLON ou ANSILLON, de Wavre : de gueules, à trois cerfs d'argent, au chef d'or, chargé de trois étoiles à six rais d'azur.

ANCOUIN (Gérard d'), écuyer, mentionné dans des titres de 1290.

ANCOURT (Guiry d'), en Normandie : d'argent, à trois quintefeuilles de sable.

ANCOY, famille noble, mentionnée dans des titres de 1517 et 1564.

ANCRE : burelé d'argent et de sable, au lion de gueules brochant sur le tout.

ANCRE (Robert d'), l'un des chevaliers tués à la bataille de Poitiers.

ANCREMEL, en Bretagne : d'argent, fretté de gueules de six pièces.

ANCY : coticé d'argent et d'azur de dix pièces.

ANCY : d'argent, à trois losanges de gueules.

ANDAME, seigneur de Neufvillette, en Normandie : d'azur à trois lions d'argent, tenant chacune une palme de même.

ANDAUX (Gassion d'), en Navarre : écartelé au 1 et 4 d'azur, à la tour d'or ; au 2 d'or, à trois pals de gueules ; au 3 d'argent, à l'arbre du sinople traversé d'un lévrier courant de gueules, colleté d'or, en pointe.

ANDEFORT, en Bourgogne : écartelé, au 1 et 4 d'argent, à trois molettes de sable ; au 2 et 3 d'hermines, à trois tourteaux de sable.

ANDELI, ville de Normandie : d'azur, à trois tours d'or, au chef cousu de gueules, chargé de trois fleurs de lys d'or.

ANDELIN : d'or à trois grenouilles contournées de sinople.

ANDELIN : d'or, à trois palmes de sinople.

ANDELOT, en Bresse : de gueules, à une fleur de lys d'or..

ANDELOT, en Bourgogne, branche de la maison de Coligny : de gueules à l'aigle d'argent, membrée et becquée d'azur.

ANDELOT, en Bretagne : de sable, à l'aigle éployée d'argent, couronnée de même.

ANDELOT, en Champagne : de gueules, à cinq fleurs de lys d'or.

ANDELOT, en Franche-Comté : échiqueté d'argent et d'azur, au lion de gueules, armé, lampassé et couronné d'or, brochant sur le tout.

ANDELY : d'azur, au chevron d'or, accompagné en chef de deux palmes, et en pointe d'une montagne, le tout de même.

ANDENOY et D'AVERLY (le Courtois d'), en Bourgogne : d'azur, à trois grappes de raisin d'argent.

ANDERNACH, en Lorraine : d'azur, à une montagne d'or surmontée d'une tour d'argent, accompagnée en chef de trois roses d'or, boutonnées de gueules et mises en fasce.

ANDIGNÉ (d'), en Anjou, en Bretagne et dans le Maine : d'argent, à trois aigles de gueules, becquées et membrées d'azur, le vol abaissé, posées deux et une.

ANDIOL (Saint-), marquisat possédé par la maison de Varadier.

ANDIRDAS (Philippe), sieur du Chastel.

ANDLAU, en Alsace : d'or, à la croix de gueules.

ANDONNET, de Toulouse : de gueules, au lion d'or, à quatre fasces ondées de même.

ANDOUIN, maison originaire de Navarre, transplantée en Lorraine, qui a donné les rameaux de Louvigny-des-Champs, des Alleux et de Villers-Luzancourt. La branche aînée s'est fondue dans la maison de Grammont : d'argent, à l'aigle éployée de sable.

ANDOUVILE, de Morville, en Normandie : famille reconnue noble dans la recherche de 1463.

ANDOUVILLE (Jolivet d') : d'argent au chevron d'azur, chargé de trois besans d'or, et accompagné de trois glands de gueules.

ANDRAS, en Bourgogne : d'argent, à un chevron de gueules , accompagné de trois tourteaux de même.

ANDRAULT DE LANGERON, en Nivernais : écartelé, au 1 et 4 d'azur , à trois étoiles d'argent ; au 2 et 3 d'or, à trois fasces vivrées de gueules, à la bande semée de France, brochante sur le tout.

ANDRAY ou ANDREY, en Normandie : de sable, au sautoir d'argent, accompagné en chef et en pointe d'une molette d'éperon d'or, et en flancs d'un croissant du second.

ANDRÉ : d'argent, à deux lions affrontés de sable, tenant un rameau de sinople, à la bordure d'azur, chargée de six fleurs de lys d'or, au lambel de gueules.

ANDRÉ, en Lorraine : d'azur, au sautoir d'or, cantonné en chef d'un soleil de même.

ANDRÉ, aussi en Lorraine : d'or , au lion d'argent au chef cousu de même, chargé d'une étoile d'azur, entre deux roses boutonnées de gueules.

ANDRÉ, en Provence : d'or, au sautoir de gueules, au chef d'azur, chargé de trois étoiles d'or.

ANDRÉ, en Normandie : de sinople, à la fasce d'or , accompagnée en chef de deux sautoirs, et en pointe d'une molette d'éperon, le tout de même.

ANDRÉ, originaire d'Annot, établi à Aix : d'or , au sautoir de gueules.

ANDRÉ, seigneur de Villeberny : d'azur, au sautoir alaisé d'or.

ANDRÉ-LAURENT, en Lorraine : d'argent à trois pals de sable, au chef d'azur, chargé de trois besans d'or.

ANDRÉ DE MONTFORT, en Languedoc : parti, au 1er tranché de gueules sur or, et au 2 de sable, à un lion d'argent, langué de gueules, à la bordure denchée d'argent.

ANDRÉ (Hugues), échevin de la ville de Lyon en 1658 : d'azur, au lion d'or, rampant sur un mont de même, donnant la patte dextre à une main d'argent, mouvante du canton dextre du chef, dans une nuée d'argent.

ANDRÉ (Paul), écuyer, seigneur de Lapeyre, capitoul de Toulouse en 1662.

ANDRÉ (Saint-), en Dauphiné : d'argent, à l'aigle d'azur, membré de gueules.

ANDRÉ (Saint-), originaire du Languedoc : d'azur, au château sommé de trois tours d'argent, maçonné de sable, surmonté de trois étoiles d'or.

ANDRÉA, de Lille en Flandres : d'azur, au lévrier courant d'argent, colleté de gueules, garni d'or.

ANDRÉA, en Provence : de gueules, à deux lions d'or affrontés, tenant de leurs pattes un anneau de sable, à la bordure d'azur, chargée de huit fleurs de lys d'or.

ANDREHAN : de gueules, à la fasce échiquetée de deux traits d'argent et d'azur, accompagnée de six molettes d'éperon d'argent, trois en chef et trois en pointe.

ANDRENAS, à Paris : d'azur, au phénix d'or, sur un bûcher de gueules, fixant un soleil d'or, issant du canton dextre de l'écu.

ANDRENET (Philibert), rapporté dans des titres de 1431.

ANDRÉOSSI, maison originaire de Lucques, mais établie en France : d'or, au palmier d'azur surmonté d'une étoile d'argent.

ANDRESEL : d'or, au lion de gueules, au bâton d'hermines péri en bande.

ANDRESEL : de sable, à trois chevrons d'or brisés à la pointe.

ANDREVILLE, dont un chevalier de ce nom, lieutenant de roi à la citadelle de Calais, en 1784.

ANDREZELLES (Picon d') : d'azur, au dextrochère ganté d'argent, tenant une pique de même fûtée d'or, posée en barre; au chef cousu de gueules, chargé de trois couronnes ducales d'or.

ANDRIAN : parti d'argent et de gueules, le premier tranché, et le second taillé de l'un en l'autre, en manière de deux girons mouvants du chef et finissant en pointe.

ANDRIC (Guillaume), capitoul de Toulouse en 1418.

ANDRIE, président au parlement de Paris en 1365 : d'argent, à un double trécheur de gueules, rempli de trois aigles de sable, deux et une.

ANDRIEN (Robert), de la sergenterie de La Ferté-Macé en Normandie, trouvé noble dans la recherche de 1463.

ANDRIEU, en Beauce : d'argent, à une fasce de sable, chargée de trois molettes d'éperon d'or, et accompagnée en pointe de quatre foudres de sable à huit pointes de flèche chacun, au chef de gueules.

ANDRIEU, en Languedoc : d'azur, à deux sautoirs d'or.

ANDRIEUX, de Nantes.

ANDRONS, seigneur de la Marguerite : d'or, à l'aigle éployée de sable, surmontant deux palmes de sinople en pointe posées en sautoir.

ANDROUET, en Bresse : d'or, à trois fasces de sable, à la bande de gueules brochante sur le tout.

ANDRUJOL, famille du Languedoc, convoquée à l'arrière-ban de 1575.

ANDRY-MARCHANT, chevalier, chambellan du roi et bailly royal d'Auxerre en 1415.

ANDURINI, procureur-général en la chambre des comptes d'Aix, en 1410.

ANDUSE-D'ALLETS, en Vivarais : de gueules, à trois étoiles d'or, posées deux et une.

ANEBOUT : d'azur, à trois fermaux diaprés d'or.

ANEBOUT : de gueules, à la croix de vair.

ANESIE (Guillaume), de la sergenterie de Saint-Pierre sur Dive, en Normandie, trouvé noble dans la recherche de 1463.

ANET (André d'), chevalier, mentionné dans des titres de 1221.

ANEZ DE LA TOUCHE MOREAU.

ANEZY (Jean), du Pin, en Normandie, trouvé noble dans la recherche de 1463.

ANFERNAT (l'), en Normandie : d'azur, à trois losanges d'or.

ANFOSSY, maison originaire d'Italie, mais établie dans le comtat Venaissin : d'or, à un aqueduc à quatre arches de gueules, maçonné de sable, où passe un courant d'eau azurée ; une fontaine de même, sortant de chaque arche, et un pin de sinople arraché, brochant sur le tout.

ANFREVILLE, en Normandie : d'or, à l'aigle désarmée de sable, becquée de gueules.

ANFRIE : d'or, à trois croix alaisées de sable.

ANFRIE DE CHAULIEU, en Normandie : d'azur, à trois triangles d'or, au chef de gueules chargé de trois têtes de licorne d'or, posées de profil, et accostées de deux croisettes aussi d'or.

ANGE (L'), en Nivernais : d'azur, au croissant d'argent, surmonté d'une étoile de même. Devise : *Nomine l'Ange et homine*.

ANGE D'ORSAY, conseiller secrétaire du roi, à Loches, en 1788.

ANGÉ (CARDIN), de la sergenterie de Moyaux, trouvé noble dans la recherche de 1463.

ANGEAU (COURCILLON D'), en Touraine : d'argent, à la bande fuselée de gueules, accompagnée en chef d'un lion d'azur.

ANGÉE (OSMOND D'), en Normandie : de gueules, au vol d'hermines.

ANGELIERS, famille mentionnée dans des titres de 1296.

ANGELIN, en Dauphiné : d'azur, à la bande d'argent, chargée d'une molette naissante du flanc dextre de gueules, et côtoyée de deux glands renversés de sinople, tigés et feuillés de même. Devise : *A jamais*.

ANGELOCH : fretté d'or et de gueules, à la fasce d'or brochante sur le tout.

ANGELOT (NICOLAS), écuyer, mentionné dans un rôle de Bourgogne de 1419.

ANGELY, de Tours.

ANGENNES : écartelé, en sautoir d'or et d'azur.

ANGENNES, généralité de Caen : d'azur, à la croix d'or, cantonnée de quatre aigles éployées de même.

ANGENNE DE LA COUPE : de sable, au sautoir d'argent.

ANGENOUST, seigneur de Bironis : d'azur, à deux épées d'argent, garnies d'or, passées en sautoir.

ANGEON (AUBERT D'), l'un des chevaliers tués à la bataille de Poitiers en 1356.

ANGER-CRAPADO-LOHEAC, en Bretagne : de sable, à trois fleurs de lys d'or.

ANGER-DU-PLESSIS, en Bretagne : de. vair, à trois croissants de gueules.

ANGERAIS DE BOISSON-DU-MAIN.

ANGÈRES DU MEIN, en Languedoc : échiqueté d'or et d'azur de quatre traits.

ANGEROS, en Agénois, dont un cadet gentilhomme au régiment de la Reine en 1778.

ANGERS, capitale de l'Anjou : de gueules, à la clef d'argent, mise en pal, au chef cousu d'azur, à trois fleurs de lys d'or ; celle du milieu couverte par la clef, brochante sur le tout.

ANGERVILLE : d'or, à trois annelets de sable.

ANGERVILLE : d'or, au léopard de sable mouvant du premier canton en chef, et en pointe deux quinte-feuilles de même.

ANGERVILLE, en Bresse : de sinople, à trois fasces ondées d'argent.

ANGERVILLE D'AUVRECHES, en Normandie : d'or, à la fleur de néflier de sable, surmonté d'un lion pas-sant de gueules.

ANGERVILE-LE-MARTEL : de gueules, à trois mar-teaux d'argent.

ANGERVILLIERS. Voyez BAUYN.

ANGEST : d'or, à la croix de gueules, chargée de cinq coquilles du champ.

ANGEUL : d'or, au sautoir de sable, chargé de cinq coquilles d'argent.

ANGEUL (Plumart d') : d'or, à trois fasces d'azur, à la bande d'argent brochante sur le tout.

ANGEVILLIERS, famille originaire de Beauvoisis, men-tionnée dans des titres de 1152.

ANGICOURT, en Franche-Comté, créé chevalier par Philippe II, en 1582.

ANGIEN, (Albert d') compris dans un rôle de Bretagne de 1488.

ANGLADE DE L'ANGLADE, seigneur et vicomte du Chayla : d'argent, à trois tafs de gueules.

ANGLADE, dans le Bordelais : d'azur, à l'aigle éployée d'or. Devise : *Faisons bien, laissons dire.*

ANGLARS, en Berry : d'azur au lion de gueules.

ANGLAS, en Champagne : d'or au lévrier de sable, colleté d'argent.

ANGLAUT (Guillaume l'), maire de Poitiers, en 1343 : d'or, à trois cygnes d'argent.

ANGLE : d'or, semé de billettes d'azur, au lion de même, brochant sur le tout.

ANGLE, en Poitou : gironné d'argent et de gueules.

ANGLEBERMER, en Beauce et en Champagne : d'azur, fretté d'or de six pièces.

ANGLEBERNIEL, en Bretagne : d'or, à trois chevrons d'argent.

ANGLÉE, en Cambrésis : d'argent, au sautoir de gueules, à l'écu de Wavrin en chef, qui est d'azur, à l'écusson d'argent en cœur.

ANGLÉES (Yven d'), écuyer, compris dans un rôle de Bourgogne de 1405.

ANGLERIE : d'argent, à la rose de gueules.

ANGLES (Gaubert des) : d'azur, à la bande d'or, accompagnée en chef d'une colombe d'argent, becquée et membrée de gueules, au vol étendu, et en pointe d'un lion d'or, lampassé de gueules.

ANGLÈZI.

ANGLIERS DE LA SAUSAYE, lieutenant-général au siège présidial de La Rochelle en 1552.

ANGLOIS, seigneur de la Chaise, en Normandie : d'azur, au chevron d'or, accompagné de trois annelets de même.

ANGLOIS, seigneur de Petitville, de la Vieuville, Briencourt, en Normandie : d'argent, à trois têtes de loup de sable.

ANGLOIS, seigneur de Cailly, en Normandie : écartelé au 1 et 4 d'or, à l'aigle de sable ; au 2 et 3 de gueules, au lion d'or, armé et lampassé de gueules.

ANGLOS, à Péronne : d'azur, à un écusson d'argent, accompagné de trois quintefeuilles d'or.

ANGLURE, en Champagne : d'or, semé de grillets d'argent, soutenus de croissants de gueules ; aliàs, d'or, semé de croissants ou pièces levées de gueules, portant en chacune un grillet ou sonnette d'or.

ANGLUS (d'), exempt des gardes-du-corps, et premier aide-major dans les gendarmes du roi.

ANGLUZE LA HERCE : de gueules, semé de croissants d'or, accompagné de trois annelets de même.

ANGO, en Normandie ; la branche d'Ango de Lezeau :

d'azur, à trois annelets d'argent, écartelé de le Fèvre ; celle d'Ango de Flers, porte les mêmes armes, qui sont écartelées de Pellevé.

ANGOS, en Bigorre : d'or, à trois corneilles de sable, becquées et membrées de gueules, et un fer de lance d'argent, posé au milieu de l'écu, la pointe en haut.

ANGOSSE D'ESTORNÉ, en Béarn : d'azur, à trois épées d'argent en pal, au chef d'or, chargé d'un cœur de sinople, couronné de même, et accosté de deux merlettes de sable, couronnées d'argent.

ANGOT, en Normandie, élection d'Avranches : d'azur au chevron d'or, accompagné en chef de deux croix du Saint-Esprit, de même, et en pointe d'un écusson d'argent.

ANGOULARD : d'or, au chef de sable, à l'aigle éployée sur le tout, et huit besans et tourteaux en orle, d'or sur sable et de sable sur or ; au bâton d'azur, brochant sur le tout.

ANGOVILLE (Gui d'), chevalier, compris dans un rôle de 1371.

ANGOULÊME : de France, brisé d'un lambel d'argent, chargé chacun d'un croissant montant de gueules.

ANGOULÊME, ville capitale de l'Angoumois : d'azur, à deux tours d'argent, maçonnées de sable, jointes par un mur aussi d'argent, maçonné et ajouré d'une porte de sable, surmontée d'une fleur de lys d'or, couronnée à la royale de même.

ANGOULÊME-VALOIS : de France, à la traverse d'or, périe en bande.

ANGOULEVENT, en Bretagne : de sinople, à la fasce d'hermines.

ANGOUTESSANT : d'or, à la croix ancrée de gueules.

ANGRAN-D'ALLERAY : d'azur, à trois chevrons d'or, accompagnés de trois étoiles de même.

ANGRAND-GUERET : d'hermines, à trois fleurs de lys, au pied coupé de gueules.

ANGRES. Voyez BRIOIS.

ANGRIE : d'argent, à trois bouteroles de gueules.

ANGU : d'azur, à la fasce d'or, chargée d'une fleur de lys de gueules.

ANGU, en Vermandois : d'or, au sautoir de gueules, chargé de cinq besans d'or.

ANGUECHIN : d'argent, à trois têtes de corbin de sable.

ANGUERLES (Colard d'), chevalier-bachelier, compris dans un rôle de Bourgogne de 1410.

ANGUETIN, en Normandie : d'azur, au chevron d'or, accompagné de trois vases ou aiguières de même.

ANGUIEN : gironné d'argent et de sable de dix pièces, chaque giron de sable chargé de trois croix recroisetées, au pied fiché du premier.

ANGUIER (Aimeric), capitoul de Toulouse en 1219.

ANGUIN-ESCHAUT, écuyer, compris dans une montre de Bourgogne de 1402.

ANGUY, en Bourgogne : d'azur, à la croix ancrée d'or.

ANGUYERS (Arnaud d'), compris dans un rôle de Languedoc de 1216.

ANHELLI (Jean), capitoul de Toulouse en 1403.

ANICH, en Cambresis : de gueules à trois croissants d'argent.

ANICHE DE CURTASCH : de gueules, au fer de lance d'argent, mis en bande.

ANIO, en Dauphiné : de gueules, à l'aigle d'argent, membrée d'or.

ANIORT (Géraud d'), chevalier; on trouve son sceau dans les antiquités du Languedoc.

ANISSON, en Lyonnais : d'argent, au vol de sable, au chef d'azur chargé de deux coquilles d'or.

ANISY, en Normandie : d'argent, au lion de sable, couronné d'or, l'écu semé de billettes de sable.

ANJORRANT, en Berry : d'azur à trois lys au naturel, fleuris d'or, tigés et feuillés de sinople.

ANJOU ANCIEN : de gueules, à une escarboucle fleuronnée et pommetée d'or.

ANJOU-FRANCE-ANCIEN : semé de France; au lambel de trois pendants de gueules.

ANJOU-FRANCE-MODERNE : à trois fleurs de lys d'or, à la bordure de gueules.

ANJOU, famille de Provence : d'azur, à la colombe d'argent, tenant en son bec une branche de laurier de sinople, accompagnée de trois étoiles d'argent, deux en chef et une pointe.

ANLEZY (d'), seigneur de Chazelles, en Bourgogne : d'hermines, à la bordure de gueules.

ANLEZY : de sinople, semé de croisettes d'or, au lion de même.

ANNAY (Jean d'), chevalier, maître d'hôtel du duc de Bourgogne en 1406.

ANNÉ (Jean), chevalier, sieur de Vaujours, mentionné dans des titres de 1558.

ANNEBAULT : de gueules, à la croix pleine de vair en pal.

ANNEBAULT (Lespine-Danycan) : d'azur, à la sphère d'argent, cerclée d'un zodiaque de sable en fasce, accompagnée en chef d'une étoile d'or, et en pointe d'un vol de même, qui s'élève et enclave la sphère.

ANNEBEC (le baron d'), appelé à l'échiquier de Normandie.

ANNECY, en Mâconnais : d'or, à la croix ancrée et nilée de gueules.

ANNELON (Robert), ambassadeur du duc de Bourgogne près du pape Eugène IV, en 1432.

ANNENBERG : d'or, à la branche de rosier de gueules, mise en barre et fleurie de trois roses d'argent.

ANNEQUIN, en Cambresis : écartelé d'or et sable, au bâton engrêlé de gueules.

ANNERY (Charpentier d') : d'azur, à l'héliotrope tigé et feuillé d'argent, à la bordure échiquetée de sable et d'argent, alternativement l'un sur l'autre ; chaque carreau de sable joint à un carreau d'argent qui avance en forme de créneau, en pointe une champagne, échiquetée de même de trois traits, jointe aux créneaux, qui sont à dextre et à senestre.

ANNEUL DE VILLOTRAN, en Beauvoisis ; famille rapportée dans des titres de 1132 et 1220.

ANNEUX, en Cambresis : d'or, à trois croissants de gueules.

ANNEVAL : palé d'or et d'azur de six pièces, au chef de gueules, chargé de trois étoiles d'argent, qui est d'Anneval ; écartelé d'or, à trois houssettes de sable,

ANNEVAL DE LA FONTAINE, en Normandie : d'azur au croissant d'argent, accompagné de trois molettes d'éperon d'or.

ANNEVILLE, en Normandie : d'hermines, à la fasce de gueules.

ANNO (Henri de l'), l'un des chevaliers tués à la bataille de Poitiers en 1356.

ANNONAY : échiqueté d'argent et de gueules.

ANNOY (Huguenin d'), sire de Marcilly, chevalier, servant sous le duc de Bourgogne en 1365.

ANNY : d'argent, au sautoir d'azur, chargé de quatre coquilles d'or, et d'une étoile du champ en cœur.

ANODÉ, en Bretagne : écartelé au 1 et 4 de gueules, à la fleur de lys d'argent ; au 2 et 3 d'or plein.

ANOIL, famille rapportée dans des titres de 1190 : d'argent, à une bande d'azur, accompagnée de six losanges de gueules mises en orle.

ANONAY : écartelé d'argent et de gueules.

ANOT, ville de Provence : d'argent, au châtaignier de sinople, chargé de deux hérissons de châtaignes d'or, et accompagné de trois fleurs de lys de même, deux en flancs et une en pointe.

ANOUX-DE-SAINT-MARTIN, enseigne de la troisième compagnie des gardes-du-corps en 1596.

ANOY : coticé d'argent et d'azur de dix pièces.

ANQUA (ADÉMAR), capitoul de Toulouse en 1327.

ANQUERRE (GUILLAUME D'), écuyer compris dans un rôle de Bourgogne de 1410.

ANQUETIL, en Normandie : d'or, à trois feuilles de chêne de sinople.

ANQUEVILLE (MÉHÉE D') : de gueules, à trois aigles d'argent, becquées et membrées de sable.

ANSBERGER (RAIMOND), capitoul de Toulouse en 1272.

ANSEAU, de Mons : d'azur, à la fasce d'argent, accompagnée en chef d'une gerbe d'or, et en pointe d'une quintefeuille de même.

ANSELME, maison originaire de Florence, mais établie en France : d'azur fretté d'argent ; aliàs, d'argent, fretté d'azur de huit pièces.

ANSELON DE CLISY, en Touraine : de gueules, semé de fleurs de lys d'argent, au franc canton de même, chargé d'une fleur de lys d'azur.

ANSELY DE MENETOU : d'argent, au lion d'or.

ANSERVILLE : d'argent au lion de gueules.

ANSEVILLE : d'argent, à une bande d'azur étincelée d'or.

ANSI : gironné d'argent et de gueules.

ANSI, en Auvergne : écartelé, au 1 et 4 d'or, au dauphin d'azur ; au 2 et 3 d'azur, à la bande d'argent.

ANSONS, en Provence : de gueules, au lion d'or.

ANSONVILLER, en Beauvoisis : d'azur, à la bande fuselée d'argent, accompagnée en chef d'une étoile d'or, posée au flanc senestre de l'écu.

ANSTENRADE (Jean d'), chevalier, mentionné dans des titres de 1339.

ANSTRUDE : coupé, emmanché de sable, sur argent de trois pièces.

ANSTRUDE, originaire d'Ecosse, mais établie en France : écartelé au 1 d'Ecosse ; au 2 d'azur, à trois têtes de sanglier d'or, posées deux et une ; au 3 d'argent, à la fasce de gueules, accompagnée de trois macles d'azur ; au 4 d'or, à la fasce échiquetée d'argent et d'azur de trois tires ; sur le tout d'argent à trois clous sacrés, de sable, posés en pal. Devise: *Periissem ni periissem.*

ANSYE (Guyon d'), de la sergenterie de Saint-Pierre-sur-Dive, en Normandie, trouvé noble dans la recherche de 1463.

ANTE (Guillaume d'), chevalier - bachelier, compris dans un rôle de Bourgogne de 1410.

ANTELMI, en Provence : d'azur, au bâton écôté, alaisé et péri en bande d'or, côtoyé de six étoiles de même, mises en bande.

ANTERROCHES, en Auvergne et en Limousin : d'azur, à la bande d'or, chargée de trois mouchetures d'hermines, accompagnée de deux croisettes d'or, une en chef et l'autre en pointe, et surmontée en chef de trois ondes d'argent.

ANTEVILLE, en Bretagne : d'argent à trois fasces de sable, au sautoir de gueules, brochant sur le tout.

ANTHENAY (Vernoux d'), chevalier de Malte en 1512.

ANTHENAISE, en Normandie : bandé d'argent et de gueules de huit pièces.

ANTHES en Alsace : de gu ules, à trois épées d'argent, liées de sinople, garnies d'or, posées deux en sautoir, les pointes en bas, et celle du milieu en pal, la pointe en haut.

ANTHIN, en Flandres : de sinople, à la fasce d'hermines, accompagnée de trois besans d'or.

ANTHOINE, en Lorraine : d'azur, au chevron d'argent, accompagné de trois abeilles d'or.

ANTHOING, en Bourgogne : d'azur, à sept besans d'or, trois, trois et un, au chef de même.

ANTHOING, aussi en Bourgogne : d'argent, au chevron de gueules, accompagné en pointe de deux coquilles de sable.

ANTHOING, en Cambresis : de gueules, au lion d'argent.

ANTHON : de gueules au dragon d'or à face humaine.

ANTHONIS, baron de Veymars : d'or, au chevron de gueules, accompagné en pointe d'un sanglier de même.

ANTHONY : d'argent, au chevron de gueules, surmonté de deux coquilles de sable.

ANTHOS (SAINT) ; il y a eu un premier président de ce nom au parlement de Rouen en 1553.

ANTHOULET (REGNAULT), échevin de Paris en 1509 : de sable, au lion rampant d'argent, armé, lampassé et couronné de gueules.

ANTIBES, ville de Provence : d'azur, à la croix d'argent, cantonnée de quatre fleurs de lys d'or, au lambel de gueules mouvant du chef et brochant sur le montant de la croix.

ANTICH, à Perpignan.

ANTICHY (HACQUEVILLE D'), seigneur de Jamar d'Aumont, de Garges-de-Vaux, etc. : d'argent, au chevron de sable, chargé de cinq aiglons d'or, et accompagné de trois têtes de paon de même.

ANTIGNAC, maison originaire du Limosin, mais établie en Lorraine : de gueules, à deux étendards d'argent mis en sautoir, chacun chargé d'une tête de lion arrachée et affrontée de gueules.

ANTIGNY : d'or, au lion naissant de sable.

ANTIGNY, en Bourgogne : d'or, à la croix ancrée de gueules, au lion issant de sable.

ANTIGNY (DE LA MOTHE D') : d'argent, à une tour crénelée de sable, sommée d'un lion naissant de gueules, tenant de sa patte dextre une épée de même.

ANTIN : écartelé au 1 de sinople, chargé d'un écu d'or, au lion rampant de gueules, accompagné de six écussons d'or, bordés de gueules, trois en chef, deux et un en pointe ; au 2 mi-parti d'or, à quatre pals de gueules ; au 3 d'or, à un lion de sable ; au 4 d'azur, à la cloche d'argent, bataillée de sable ; au 5 d'azur, à la fleur de lys d'or ; au 6 d'azur, pointé et ondé de trois pièces d'argent ; au 7 d'argent, à trois fasces ondées d'azur ; au 8 d'or, à trois tourteaux de gueules, à la clef de sable ; sur le tout de gueules, à la tour d'or, chargée de trois têtes de maure, bandées d'argent et de sable.

ANTIN, en Bigorre : de gueules, à trois lions issants d'argent ; écartelé d'argent, à trois tourteaux de gueules, sur le tout d'or, à la clef de sable, couronnée de même, et posée en pal.

ANTIOCHE : d'argent, à la branche de fougère, vairée d'or, périe en pal, la branche versée contre bas.

ANTIQUEMARETTE-VILLENEUVE, en Languedoc, dont un capitoul de Toulouse en 1519 : de gueules, au lion d'argent, à la cotice d'or, bordée de sinople sur le tout.

ANTISTE DE MANSAN : de gueules, à trois javelots d'argent, mis en pal, la pointe en bas.

ANTOINE (L'ORDRE DE SAINT) porte : d'or, au T d'azur.

ANTOINE : d'or, au chevron d'azur, accompagné en chef de deux étoiles de même, et en pointe d'une tige de trois roses de gueules, feuillées et tigées de sinople, mouvante d'un croissant d'azur.

ANTOINE, en Champagne : d'or, à trois écrevisses de gueules.

ANTOINE, seigneur de Pierrousse, en Provence : d'argent, à la bande de gueules, chargée de trois étoiles d'or.

ANTOINE, en Lorraine : d'or, à la fasce d'azur, chargée d'une trille d'argent, et accompagnée de trois tourteaux d'azur.

ANTOINE, en Provence : d'azur, au chevron d'or, surmonté d'une étoile de même, et accompagné de trois feux aussi d'or.

ANTOLIN : échiqueté, d'or et de sable, à la bordure du premier, chargé d'une chaîne à huit chaînons d'azur.

ANTON, en Languedoc : de gueules, à l'aigle d'or, couronnée et membrée d'argent.

ANTONAISE, en Vermandois : vairé d'or et de gueules.

ANTONELLE, d'Arles, en Provence : d'azur, à cinq étoiles d'or en sautoir. Devise : *Ex hoc in illud.*

ANTONIS DU HASOY : d'or, au chevron de gueules, accompagné en chef de deux coquilles de sable, et en pointe d'un sanglier de même. Devise : *In sanctis confido.*

ANTOUR (JEAN DE SAINT), mentionné dans des titres de 1349.

ANTRAGUES-BALZAC : d'azur, à trois sautoirs alaisés d'argent, au chef d'or, chargé de trois sautoirs rangés d'azur.

ANTRAGUES ou ENTRAGUES, en Auvergne : d'azur,

au chevron d'or, accompagné de trois chapeaux de fleurs d'argent.

ANTRAIN, en Provence : d'or, à trois tourteaux de gueules, senestrés d'une clef de même, mise en pal.

ANTRE, en Lorraine : d'argent, au léopard de gueules, l'écu engrêlé de même, au chef d'azur, chargé de trois besans d'or.

ANTREHAN : de gueules, à la fasce échiquetée d'argent et d'azur.

ANTRUILLE : de sable, au lion d'argent, couronné à l'antique.

ANTUILLY (Guillaume d'), mentionné dans des titres de 1559.

ANVIRAY DE MACHONVILLE DE BEAUDEMONT, président en la chambre des comptes de Normandie.

ANWEIL : d'argent, à la tête et cou de cerf, contournée de gueules.

ANY, en Bourgogne, mentionné dans des titres de 1431.

ANYEL, en Touraine : d'or, à trois fasces de sinople.

ANZERAI, en Normandie : d'azur, à trois têtes de léopard d'argent.

ANZERANS DE COURONDON, président à mortier au parlement de Rouen.

AORELI : d'azur, à une bande d'argent, chargée de trois fleurs de lys d'azur, et accompagnée de deux étoiles d'or à six rais, posées une en chef et une en pointe de l'écu.

AOUDE (Pierre), capitoul de Toulouse en 1226.

AOUST, seigneur de Frousière et de Neufville : de sable, à trois gerbes d'or.

AOUST FRADEL (Saint-) : d'azur, à trois fers de pique d'or.

APAUST : d'azur, à la gerbe d'avoine d'or, liée de même.

APCHER, de Mende en Languedoc : d'or au château sommé de trois tours de gueules, à deux haches d'armes d'azur en pal, aux deux côtés de la tour du milieu.

APCHIER (de Crussol d'), en Vivarais, écartelé au 1 et 4, parti fascé d'or et de sinople de six pièces, et d'or, à trois chevrons de sable ; au 2 et 3, contre-écartelé d'azur, à trois étoiles d'or en pal et d'or, à trois bandes de gueules ; sur le tout de gueules, à trois bandes d'or.

APCHON, en Auvergne : d'or, semé de fleurs de lys d'azur.

APELVOISIN, en Bretagne : de gueules, à une herse d'or, de trois traits.

APEROUX, en Bourbonnais : de gueules, à trois chevrons d'or, au pal de même.

APILLY (Ducasse d') : écartelé au 1 et 4 d'azur, à deux épées hautes d'argent, garnies d'or, passées en sautoir, accostées de trois étoiles, et en pointe d'un croissant, le tout d'argent, au 2 et 3 d'or, à la rencontre de cerf de gueules.

APLEPY : d'argent, à la bande de sable, chargée de trois pommes d'or.

APPAROC, en Normandie : d'argent à deux fasces dentelées de sable.

APPAROT DE L'ESPINAY.

APPEL (Georges d'), écuyer, compris dans un rôle de Bourgogne de 1417.

APPELABONI DE ALASSAC ; il existe un titre de cette maison de l'an 1299.

APPELLY ou APPILLY, famille ancienne du Soissonnais, rapportée dans des titres de 1169.

APPIAN (Guillaume d'), seigneur de Verdun, compris dans un rôle de Languedoc de 1314.

APPIGNÉ, en Bretagne : d'argent, à dix ancolies d'azur, soutenues de gueules, trois, deux, trois, deux.

APPLAINCOURT, en Picardie : d'azur, à la croix d'argent, chargée de cinq écussons de gueules. Devise : *Crucibus salus et lumine*.

APREMONT : de sable, au chef d'argent, chargé de trois merlettes de gueules.

APREMONT, en Bretagne : d'argent, à trois croissants de gueules.

APRÉMONT, en Lorraine : de gueules, à la croix d'argent.

APREMONT, en Poitou : de gueules, au lion d'or, couronné d'azur.

APRIX, en Normandie : écartelé au 1 et 4 d'azur, à la tour d'argent ; au 2 et 3 d'argent, à trois merlettes de sable.

APRIX DE BOUMIÈRES, dont un chevalier de Saint-Louis, lieutenant des maréchaux de France à Verneuil en 1784.

APRIX DE MORIENNE : d'azur, à un château d'argent.

APS : d'or, à trois chevrons de sable, au chef d'azur, chargé d'un lion naissant d'argent, couronné d'or.

APS (Emengard d'), grand-maître de l'ordre de Saint-Jean de Jérusalem en 1187.

APT, ville de Provence : de gueules, à une épée d'or, dans son fourreau de sable, posée en pal, et entortillée de son baudrier de même.

AQUENIN.

AQUÆRIA, en Provence.

AQUILLÉE (le prince d') : burelé d'argent et d'azur, au lion rampant de gueules, à un quartier des armes de France, et une bande de gueules.

AQUIN, en Dauphiné : d'azur, à quatre piles renversées d'argent, appointées vers le chef en chevron.

AQUITAINE : d'or, au léopard de gueules.

AQUITAINE ANCIEN : fuselé, d'or et d'azur.

AR (Thomas), de la sergenterie, de Corbelin, en Normandie, trouvé noble dans la recherche de 1463.

ARABLAY : de gueules, à deux fasces d'or.

ARABLE (Savalon d'), mentionné dans des titres de 1142.

ARABOURG : d'argent, à la couronne triomphale de sinople, au chef d'azur, chargé de trois abeilles d'or.

ARAC (Jean d'), mentionné en 1596.

ARAD-DE-MONTMELARD, en Beaujolais : d'or, à la fasce de vair.

ARADON, en Bretagne : de sable, à sept macles d'argent, trois, trois et une.

ARAGAL (Bernard d'), compris dans un rôle de 1231.

ARGON ou ARRAGON : d'or, à quatre pals de gueules.

ARAGOUSSE (André d'), au comtat Venaissin, mentionné dans des titres de 1548.

ARAINES, en Beauvoisis, famille mentionnée dans des titres de 1188, 1224, 1273, 1363 et 1405.

ARAMBERT (Chuberé d') : de gueules, à trois roses d'or.

ARAMBERT (Mathurin), maire de Poitiers en 1457 : d'argent, au sautoir de gueules, cantonné de quatre croissants d'azur, au chef de même.

ARAMES (Lionnet d'), chevalier-bachelier, compris dans un rôle de Bourgogne de 1410.

ARAMON, député d'Uzès à l'assemblée de la noblesse du Languedoc en 1529.

ARANADAM (Bertrand d'), compris dans un rôle de Languedoc de 1340.

ARANCE DE SAINT CRICQ, en Béarn : écartelé au 1 et 4 d'argent, à deux fasces d'azur; au 2 et 3 d'azur, avec une molette d'éperon d'argent.

ARANCOURT, en Champagne.

ARANCY (Duglas d'), en Laonais : d'azur, au château de trois tours d'argent.

ARANDE, en Normandie : coupé d'argent et de gueules, le premier chargé d'une aigle issante de sable, et le second d'une fleur de lys fleuronnée d'or.

ARANDEL DE GUEMICOURT, en Normandie : d'argent, au chevron de gueules, accompagné de trois poulettes de sable.

ARASSENSAU.

ARASSIN (Jacques d'), chevalier, en 1586.

ARAZOLA D'OGNATE, famille originaire d'Espagne, établie en Flandres : d'argent, à un arbre de sinople, et deux loups de sable passants l'un sur l'autre. Devise : *Ara soli Deo.*

ARBALESTE, en Bourgogne : d'or, au sautoir engrêlé de sable, chargé en cœur d'un croissant d'argent, et accompagné de quatre arbalestes de gueules.

ARBALESTRE : d'azur, à trois arbustes d'or.

ARBALESTRIER DE MONTCLAR, en Languedoc : de gueules, à un chevron d'argent, chargé de cinq pommes de pin renversées de sinople, et accompagnées de trois étoiles d'or. Devise : *Le coup n'en faut.*

ARBAN, de Villeneuve et de Beauvoisin, en Languedoc.

ARBAUD, en Provence : d'or, au griffon de sable, la patte dextre d'aigle, et la jambe senestre d'un lion, vêtues de gueules.

ARBAUD DE JOUQUES, et DE PORCHÈRES, en Provence et en Champagne : d'azur, au chevron d'argent, au chef d'or, chargé d'une étoile de gueules. Devise : *Nascitur et perit ira.*

ARBELOT, en Bourgogne : d'azur, à quatre arcs d'or, cordés de sable, rangés en pal, et surmontés de trois étoiles d'or.

ARBENC (André de l'), échevin de la ville de Lyon en 1529.

ARBERG : d'or, à la bande de gueules, écartelé d'or, au pal de gueules, chargé de trois chevrons d'argent.

ARBERT (sire Guillaume), maire de La Rochelle en 1229.

ARBESSAN.

ARBIE, en Bresse : d'argent, à la bande d'azur, chargée de trois rencontres de cerf d'or.

ARBIN (Arnaud d'), compris dans un rôle de Languedoc de 1379.

ARBO DE CASTELMERLE et DE CASAUBON : écartelé au 1 et 4 d'or, à deux lions rampants de gueules; au 2 et 3 d'argent, à deux arbres de sinople.

ARBOIS : de sable, au cor d'argent, lié de même en sautoir.

ARBOIS, en Lorraine : d'azur, à une croix tréflée d'or, chargée en cœur d'un écusson de gueules, à une ancre d'argent posée en pal.

ARBOIS, en Picardie : d'argent, au loup passant de pourpre, la tête contournée, accompagné en chef de trois cloches d'azur.

ARBOIS DE ROMERI : d'azur, à la bande d'argent, accompagnée de deux moutons de même.

ARBON, en Franche-Comté : de sable, à la croix ancrée d'or, chargée en cœur d'un écusson d'azur au lion d'argent.

ARBONAY : d'argent, à la fasce de sable.

ARBONVILLE (Jean et Louis d'), chevaliers, mentionnés dans des titres de 1556.

ARBORAS, gentilhomme languedocien, vicomte en 1574; cette famille est mentionnée dans un rôle de Languedoc de 1193.

ARBORÉ, dont un comte de ce nom, lieutenant des maréchaux de France, et sénéchal d'Oléron en 1784.

ARBORIC, seigneur de Sartirane : d'azur, au sautoir d'argent, ancré et alaisé, cantonné de fleurs de lys d'or, au chef de même, chargé d'une aiglette couronnée de sable.

ARBOUC ou ARBOC, mentionné dans des titres de 1265.

ARBOUET (Jean d'), écuyer, seigneur de Pechabon, capitoul de Toulouse en 1562.

ARBOUSSIER, en Languedoc : d'argent, à un arbre de sinople, planté sur une terrasse de même, mouvant de la pointe de l'écu, et accosté de deux lions de gueules, affrontés et rampants contre le fût de l'arbre.

ARBOUVILLE (Chambon d'), fascé d'or et d'azur.

ARBUSSY; il y a eu de cette famille deux procureurs

généraux en la cour des aides de Montauban en 1686 et 1695.

ARBY (Jean), écuyer, compris dans un rôle de Bourgogne de 1410.

ARC : d'azur, à l'arc d'or, chargé de trois flèches, celle du milieu en pal encochée d'argent et empennée d'or, les deux autres en sautoir empennées d'argent.

ARC, en Barrois : d'azur, à la couronne royale d'or, soutenue d'une épée d'argent en pal, la pointe en haut, croisetée et pommetée d'or, et côtoyée à chaque flanc d'une fleur de lys de même.

ARC (Barthelemy l'), maire de Poitiers en 1258 : d'azur, à un arc bandé d'argent, à une flèche d'or empennée de même.

ARCAC : d'argent, à trois bandes de gueules, au chef cousu d'or, chargé d'un arc de sable.

ARCAMBOURG, seigneur de Flottemanville, en Normandie : d'argent, au chevron de gueules, accompagné de trois roses de même.

ARCAMONT (d'), en Guienne.

ARCÉ : écartelé, au 1 et 4 d'azur, au franc canton d'or, à la bande de même, brochante sur le tout ; au 2 de Bourbon et au 3 de Ferrières.

ARCEAUX, seigneur d'Arcelot.

ARCÉES, en Champagne ; famille rapportée dans des titres de 1225.

ARCEL, en Bretagne : écartelé d'argent et d'azur. Devise : *L'honneur y gît.*

ARCEMALE, en Berry : d'azur, au chevron d'argent, accompagné en pointe d'un croissant de même.

ARCEMBEAI, en Bretagne : d'argent, à la croix de gueules, chargée de quatre coquilles d'argent, et d'un croissant d'or en cœur, cantonnée de quatre fleurs de lys de sable.

ARCENAY (de Chargères d'), en Auxerrois : d'azur, fascé d'or, à un léopard de même, accompagné de trois trèfles d'argent en chef.

ARCENAY (de Conighan d'), en Bourgogne : de sable, au pairle d'argent, accompagné en chef d'une étoile de même.

ARCES, en Dauphiné : d'azur, au franc quartier dextre d'or, à la bande componnée d'argent et de gueules de sept pièces, brochante sur le tout. Devise : *Charité d'Arces.*

ARCEY (Guillaume d'), écuyer, servant sous le maréchal de Bourgogne en 1386.

ARCH : d'argent, à un arc de gueules, mis en barre, sans corde.

ARCHAIS, en Normandie : de gueules, à trois molettes d'éperon de sable, au franc canton de même, chargé d'une barre d'azur, surchargée d'une molette d'éperon d'argent.

ARCHAMBAULT : d'argent, au sautoir d'azur, chargé de cinq étoiles d'or, à la bordure denchée de gueules.

ARCHAMBAULT, en Bourbonnais : d'or, au lion de gueules, à huit coquilles d'azur, mises en orle.

ARCHAMBAULT DE LANGUEDOUE : d'azur, à trois lions rampants d'or, armés et lampassés de gueules, à l'écu d'argent en abyme ; au pal de gueules, chargé de trois sautoirs alaisés d'or. Devise : *In Armis Leones.*

ARCHAMBAULT, gentilhomme bourguignon, mentionné dans des titres de 1462.

ARCHE (Géraud d'), capitoul de Toulouse en 1660.

ARCHÉ : chevronné d'or et de gueules de six pièces.

ARCHER, en Normandie : d'azur, à la fasce d'argent, accompagnée de trois écussons d'or.

ARCHER (l'), en Provence : d'azur au chevron d'or, accompagné en chef de deux roses d'argent, et en pointe d'une croix double de même.

ARCHÈRES : d'or, à deux pattes de griffon d'azur.

ARCHERIES, en Normandie ; très-ancienne famille.

ARCHES DE SAINT-GENIS, en Normandie.

ARCHEVÊQUE (l'), famille rapportée dans des titres de 1402.

ARCHEVÊQUE - PARTHENAY : burelé d'argent et de gueules de dix pièces, à une bande de gueules, brochante sur le tout.

ARCHIAC, en Saintonge : de gueules, à deux pals de vair, au chef d'or.

ARCHIAC. Voyez BOURDEILLES.

ARCHIAT (Jacques d'), chevalier, seigneur de Pressac, en 1559.

ARCHIER (l'), dans les Pays-Bas : d'or, au chevron d'azur, accompagné de trois trèfles de même ; au chef de sable, chargé d'un lion léopardé d'or, armé et lampassé de gueules.

ARCHIER, seigneur de Chênaye, en Normandie : de sable, au porc hérissé et passant d'or.

ARCHIER ou LARCHIER (Philippe l'), maire de Poitiers en 1245, d'azur, à trois arcs d'or, bandés d'argent.

ARCHIGEAUD (Guillaume d'), l'un des chevaliers de Malte qui, en 1480, se trouvèrent à la défense de Rhodes.

ARCIE, en Champagne : d'azur, à six besans d'argent, trois, deux et un ; au chef d'or, à la bordure de gueules.

ARCIE : d'azur, à deux fasces d'argent, accompagnées de six besans de même, trois, deux et un.

ARCIE DE FAUCEAUX, en Normandie : coupé d'azur et d'or, l'azur chargé d'un soleil du second, et l'or d'une aigle de sable.

ARCIER, en Provence.

ARCISE DE PIZAY, en Beaujolais.

ARCIZAS, en Bigorre : d'azur, au corbeau d'argent passant.

ARCLAIS, en Normandie : de gueules, au franc quartier d'or, chargé d'une bande d'azur accompagnée de trois molettes d'argent, posées deux et une, la première en chef, brochante sur la bande.

ARCOLIE : d'azur à l'épée d'argent, garnie d'or, mise en pal, la pointe en haut.

ARCOLIÈRES : d'azur, à une épée d'argent, adextrée d'une fleur de lys d'or.

ARÇON (Fleutelot de l'), en Bourgogne : d'argent, à trois trèfles d'azur ; au chef de gueules, chargé d'un soleil d'or.

ARCONA : cinq points d'azur, équipolés à quatre d'or.

ARCONCEY (Girard), écuyer, compris dans un rôle de Bourgogne de 1413.

ARCONNEUR (l'), de Médavy : d'azur, à la croix d'argent.

ARCONVILLE (Thiroux de Crosne et d') : d'argent, à la fasce d'azur, chargée de trois bandes d'or, accompagnée en chef d'une croisette ancrée de gueules, et en pointe de trois têtes de lion de même posées deux et une.

ARCOS, à Perpignan.

ARCOURT, seigneur de Trainemarc, en Normandie : de gueules, à l'arc d'argent, tendu et posé en barre et chargé d'une flèche de même, posée en bande, la pointe en haut; à la bordure aussi d'argent.

ARCU : d'argent, à trois arcs de sable, mis en pal.

ARCUSSIA, en Provence : d'or, à la fasce d'azur, accompagnée de trois arcs de gueules, cordés de même; et posés en pal, deux en chef et un en pointe, à la bordure de France.

ARCY, en Bourgogne. Voyez AULNAY.

ARCY D'AILLY, en Forez : de gueules, à trois arcs d'arbalète d'argent, mis en fasce l'un sur l'autre.

ARCY (Gouy d') : écartelé au 1 et 4 d'argent, à l'aigle éployée de sable, membrée, languée et couronnée de gueules; au 2 et 3 de gueules, à la bande d'or.

ARDÉE (Loubert d') : d'azur, à cinq épis de froment d'or, posés en pal, trois en chef et deux en pointe.

ARDEL (Georges d'), seigneur de la Plaine, mentionné dans des titres de 1684.

ARDENA, à Perpignan.

ARDENNE : écartelé de gueules et d'azur, à la croix pommetée d'or, brochante sur le tout.

ARDENNE : écartelé, au 1 d'or, au lion contourné, couronné, lampassé, et la queue fourchue de gueules; au 2 d'argent, à trois fusées de gueules, posées en pal, rangées de fasce, et surmontées d'un lambel de même; au 3 d'or, à trois chevrons de sable; au 4 palé d'or et d'azur de dix pièces, et sur le tout échiqueté d'or et d'azur.

ARDENNE, en Normandie : d'hermines, à la fasce échiquetée d'or et de sable.

ARDENNES, en Lorraine : écartelé en sautoir, le chef et la pointe d'argent, à une merlette de gueules, et les flancs de gueules à une molette d'argent de huit rais.

ARDENNOIS (L) : d'azur à la fasce câblée d'argent.

ARDENS (des), en Champagne : de gueules, au chevron d'or, accompagné en chef de trois besans d'argent rangés en fasce, et en pointe d'une fleur de lys d'or.

ARDEVILE (Cossard d') : d'or, au chevron d'azur, accompagné en chef de deux écosses ou gousses de fèves de sinople, et en pointe d'une tête de maure, de sable tortillée d'argent.

ARDIER, en Orléanais : d'azur, au chevron d'argent, accompagné de trois flammes de même.

ARDIÈRES-COMBAULD , en Périgord : d'argent , à la levrette passante de sable.

ARDILLON, en Languedoc, dont un chevalier de Malte en 1546.

ARDOUIN, d'Albi , en Languedoc : d'argent, au lévrier rampant de sable.

ARDRES- DE - COURTEVILLE - HODICQ-CAYEU : d'or , à la croix ancrée de gueules , ou mi-parti d'or et d'azur à la croix ancrée de gueules. Devise : *Pour jamais de Courteville.*

ARDY (ELIAT), capitoul de Toulouse en 1511.

AREINES , de Sauville , en Picardie.

AREL, en Bretagne : écartelé plein, d'argent et d'azur.

ARELAIS , mentionné dans l'état des familles de Normandie qui ont prouvé leur noblesse en 1523.

AREMBERG (LES PRINCES ET DUCS D'): de gueules , à trois feuilles de néflier d'or.

ARENARD (GUILLAUME D') , compris dans un rôle de Languedoc de 1302.

ARENE-CONKUBLET, en Provence : écartelé au 1 et 4 d'azur , à la foi d'argent vêtue de pourpre, posée en bande et mouvante d'une nuée d'argent ; au 2 et 3 d'argent , à quatre fasces de gueules.

ARENES, (N... DES), lieutenant-colonel du régiment de Vermandois en 1702, chevalier de l'ordre royal et militaire de Saint-Louis.

ARENNES : d'or , à trois fasces ondées d'azur.

ARENNES, en Provence : d'azur, à la bande d'or, accostée de deux étoiles de même.

ARENTIÈRES, en Vermandois ; famille rapportée dans des titres de 1361.

ARÈRES, en Normandie : d'azur, au sautoir dentelé d'or.

AREXY (JEAN-PIERRE), écuyer, trésorier des états de Foix, capitoul de Toulouse en 1720.

ARFEUILLE (D') de la Haute-Marche : d'azur, à trois étoiles d'or, et une fleur de lys de même en cœur.

ARFEUILLE (RAYMOND D') : d'azur à une tête de léopard d'or.

ARFEUILLETTE, en Languedoc, gentilhomme, convoqué à l'arrière-ban de 1575.

ARGAU : d'argent, au pal de sable, au chef cousu de gueules.

ARGAUD, en Dauphiné : d'azur, à trois fasces d'or.

ARGELES, ville du Roussillon : d'argent, à trois fleurs

de lys d'azur, surmontées d'un arbre arraché de sinople, feuillé d'or, et en pointe un tertre de sinople.

ARGELOT : d'or, à deux troncs d'arbres arrachés de sable, mis en pal.

ARGENCE : d'azur à trois fermeaux grenetés d'or.

ARGENCES (D'), en Normandie : de gueules, à la fleur de lys d'argent.

ARGENÇON : d'argent à la fasce de sable.

ARGENÇON (FLOTTE D'), en Dauphiné : losangé d'argent et de gueules, au chef d'or.

ARGENCOURT (SAINT-MARTIN D'), gentilhomme admis en 1671 aux états de Bourgogne.

ARGENEY (PIERRE D'), mentionné dans des titres de 1421.

ARGENLIEU : d'or, à cinq tours d'azur crénelées, posées en sautoir.

ARGENLIEU (GON D') : d'azur, à une aigle de profil et volante d'or.

ARGENNES, en Normandie : d'azur, à la croix d'or, cantonnée de quatre aigles de même, au vol étendu.

ARGENSON et de PAULMY (Voyez D') : d'azur, à deux léopards couronnés d'or.

ARGENT (D'), en Berri : d'azur, au chevron d'argent, accompagné de deux étoiles en chef, et d'un ciboire en pointe, le tout de même.

ARGENT (D'), en Champagne : d'azur, au lion d'argent, au chef d'or chargé de trois étoiles de gueules.

ARGENTAYE (L'), en Bretagne : d'argent à une bande vivrée de gueules, accompagnée de six merlettes de même, posées en orle.

ARGENTEAU, du pays de Liége : d'azur, à la croix d'or, chargée de cinq coquilles de gueules, et cantonnée de vingt croix recroisetées au pied fiché du second.

ARGENTEL, en Lorraine : de gueules, à trois besans d'or.

ARGENTEUIL (LE BASCLE D'), en Champagne : de gueules, à trois macles d'argent.

ARGENTIER DE CHAPELAINE (DE L') : d'azur, à trois chandeliers d'église d'or.

ARGENTIN (GUILLAUME-ARNAUD), capitoul de Toulouse en 1327.

ARGENTINE (JEAN D'), l'un des chevaliers de Malte qui, en 1480, se trouvèrent à la défense de Rhodes.

ARGENTOIL : de gueules, à trois coupes d'argent, semées de croisettes de sable.

ARGENTON, en Berri : d'or, à l'écu de France en abîme, accompagné de huit tourteaux de gueules mis en orle.

ARGENTON, en Bretagne : d'or, à trois tourteaux de gueules, deux et un, l'écu semé de croix recroisetées d'azur, trois en chef, une en cœur, deux à côté du dernier tourteau, et une au-dessous.

ARGENTON, en Guienne : d'or, semé de croisettes de gueules, à trois tourteaux de même.

ARGENTON (Chatillon d') : de gueules, à trois pals de vair, au chef d'or.

ARGENTRAL (Jean d'), doyen de Langres en 1420.

ARGENTRÉ, en Bretagne : d'argent, à la croix pattée d'azur.

ARGENTRÉ (du Plessis d') : de sable, à dix billettes d'or, quatre, trois, deux, une.

ARGENVILLE, en Auvergne : d'or, à trois annelets d'azur.

ARGENVILLE (Desalliers d') : d'azur, au chevron d'or, accompagné de trois roses de même; au chef d'or, chargé d'une tête de lion arrachée et lampassée de gueules.

ARGES (d'), chevau-léger du roi en 1591.

ARGESI (Leger d'), compris dans un rôle de Languedoc de 1378.

ARGEVILLE (Hericy d'), en Normandie : d'argent, à trois hérissons de sable.

ARGICOURT (d') en Picardie : d'or, au lion de gueules, à trois chevrons emmanchés d'azur et d'argent, brochants sur le tout.

ARGICOURT : d'or à trois fasces de sable.

ARGIER, en Berri : d'azur, à trois tourteaux de gueules.

ARGIES, en Cambresis : d'or, à huit merlettes de sable mises en orle.

ARGILEMONT : d'argent, à trois pals de sable, chargés chacun d'une merlette du champ.

ARGILIERS : d'or, semé de croisettes de sable, au lion de même, brochant sur le tout.

ARGILLIERS ou ARGILLIÈRES DU FAY, en Champagne : d'or, à la fasce de gueules, accompagnée de trois trèfles de même.

ARGILLY (Preseaux d'), à Rochefort.

ARGINY, en Beaujolais : d'azur, à trois croissants montants d'argent, à une étoile d'or en abîme.

ARGIOT DE LA FERRIÈRE, en Roussillon : de gueules, à la barre d'argent, chargée de trois flèches de sable.

ARGŒUVES (GORGUETTE D'), en Picardie : d'argent, à la hure de sanglier de sable, allumée et défendue du champ, accompagnée de trois croissants montants de gueules.

ARGOMBAT, du pays de Fezensac, famille dont les titres remontent à 1245.

ARGONNEL : d'azur, à trois guenons d'argent, à la bordure de gueules.

ARGONNEL, en Bretagne : d'or, à deux fasces de sable.

ARGOUGES (D'), en Picardie : écartelé d'or et d'azur, à trois quintefeuilles de gueules, brochantes sur le tout.

ARGOUS (N... D'), major de la citadelle de Tournay en 1702, chevalier de l'ordre royal et militaire de Saint-Louis.

ARGOUSIC, en Provence : d'or, à la fasce d'azur, accompagnée de trois arcs de gueules.

ARGOUT, dont un chevalier de ce nom, lieutenant-colonel de Bresse, infanterie, en 1784, et chevalier de Saint-Louis.

ARGOYER-DE-RAVIEZ, en Normandie : écartelé d'or et d'azur, à trois quintefeuilles sur le tout.

ARGREL, en Flandres : d'argent à deux fasces bretessées et contre-bretessées de gueules.

ARGRIN (HARPIN D'), chevalier en 1315.

ARGUÉ, en Bourgogne : de gueules à trois étoiles d'or posées en chef.

ARGUEL, en Franche-Comté : de gueules, à une comète d'or à huit rayons de même et à queue.

ARGUEL (JOSEPH), capitoul de Toulouse en 1691.

ARGUET, de Carentan en Normandie, famille reconnue noble dans les recherches de 1463.

ARGUEU (JEAN D'), écuyer, rapporté dans des titres de 1304.

ARGUEULLE (PHILIPPE et JEAN), écuyers, mentionnés dans des titres de 1314.

ARGUYEN-MALAGNY : d'azur, à trois moutons d'or.

ARGY, en Champagne : d'argent, au lion de sable armé et lampassé de gueules.

ARGY. Voyez BRILLAC.

ARGY, en Touraine et en Blaisois : d'or, à cinq barres d'azur.

ARIAS, porté dans l'état de la noblesse de 1784.

ARIBAT (Pierre), secrétaire de l'hôtel de ville de Niort en 1481.

ARIBERT, capitoul de Toulouse en 1203.

ARIDEL, en Beauvoisis : d'argent, à six merlettes de sable, trois en chef et trois en pointe, à une rose de même en abyme.

ARIE (Jean), de l'élection d'Avranches, en Normandie, trouvé noble dans la recherche de 1463.

ARIFA (d') : d'argent, à la bande de gueules, chargée en cœur d'un croissant du champ.

ARIGNON, famille noble, mentionnée dans un titre de 1431.

ARIGNY (le Roi d') : d'azur, au chevron d'or, accompagné en chef de deux couronnes antiques de même, et en pointe, d'un épi aussi d'or.

ARIGNY (Saint-Privé d') : d'argent au sautoir de gueules bordé et dentelé de sable.

ARIOLE : écartelé, au 1 et 4 de gueules, à l'hérisson en défense d'or; au 2 et 3 d'azur, au lion d'or.

ARION (Jean d'), chevalier, mentionné dans des titres de 1231.

ARLAMDE, de Viviers, en Languedoc : d'argent, à dix mouchetures d'hermines de sable, quatre, trois, deux et une.

ARLANDE, en Dauphiné : d'azur, au croissant renversé d'or en chef, et une étoile d'argent en pointe.

ARLANGES : d'argent, à trois merlettes de sable, accompagnées de six annelets de même en orle, le tout surmonté d'une fasce ondée de sable.

ARLATAN, en Provence : d'argent, à cinq losanges de gueules, posés en croix.

ARLAY, en Bourgogne : d'argent à la fasce de sable.

ARLAY, en Bresse : de gueules, à la bande d'or, chargée d'une molette de sable.

ARLAY, en Normandie. La branche d'Arlay, dite de Gallois, portait : de gueules à deux rondaches d'argent. Celle du Louverot : d'argent, à la croix de gueules, chargée en cœur d'un lion issant d'argent. Celle de Bletterans : de gueules, à trois molettes d'éperon d'or.

ARLEDE (Porcelli d'), compris dans un rôle de Languedoc de 1174.

ARLEMPS-DE-COURCELLES (Jean d'), chevalier de Malte en 1551.

ARLES, ville de Provence : d'azur à un lion assis et léopardé d'or.

ARLES, famille de Provence : d'or, à la bande de sable, chargée d'une étoile d'or, et accompagnée de trois autres étoiles de gueules.

ARLEUX et D'ORIVAL (de Riencourt d') : d'argent à trois fasces de gueules frettées d'or.

ARLIN, dans les Pays-Bas, créé chevalier, par lettres-patentes du 20 avril 1605.

ARLOS, en Bugey : d'azur, au lion d'or, langué et lampassé de gueules.

ARLOT de FRUGIE, seigneur de la Roque : d'azur, à trois étoiles d'argent, rangées en fasce, et accompagnées en chef d'un croissant de même, et en pointe, d'une grappe de raisin aussi d'argent; tigée et feuillée de sinople.

ARLUC (Pierre d'), compris dans un rôle de Langue-doc, de 1420.

ARLY (Beaugeois d'), vidame d'Amiens, chambellan du duc de Bourgogne en 1406.

ARMAGNAC, en Guienne : écartelé, au 1 et 4 d'or; au lion de gueules; au 2 et 3 de gueules, au léopard lionné d'or, armé et lampassé d'azur.

ARMAGNAC, en Touraine : d'argent, au lion de gueules rampant, surmonté de trois chevrons d'azur.

ARMAIGNE (Jean d'), reçu conseiller du parlement de Paris, en 1433.

ARMAILLE : d'argent, à la fasce de sable, accompagnée de trois molettes de même.

ARMAILLÉ, en Bretagne : d'azur, à trois molettes d'é-peron d'or.

ARMAINVILLIERS. Voyez BERINGHEN.

ARMAN (Paul), capitoul de Toulouse en 1340.

ARMANÇAY (Luthier d'), en Poitou : d'argent, au lion de sable, tenant dans sa gueule un serpent de si-nople, langué de gueules, posé en fasce.

ARMANÇON (de Rochefort d') : d'argent au lion de gueules armé et lampassé d'or.

ARMAND : d'azur, au chevron d'argent, accompagné de trois roses de même.

ARMAND : de gueules à la fasce échiquetée d'argent et

de sable de trois traits, accompagnée en chef d'un croissant d'or, et en pointe d'un bœuf passant de même.

ARMAND, en Dauphiné : d'or, au chevron de gueules, au chef d'azur, chargé d'une couronne fermée d'or. Devise : *Regi Armandus et legi.*

ARMAND-DE-CHATEAUVIEUX, maison qui a subsisté en Provence et en Dauphiné, et qui a formé des rameaux à Genève dans le comtat Venaissin, en Bourgogne et dans le Bassigny : d'or, au lion de sable, armé et lampassé de gueules, tenant une hache d'armes aussi de sable ; une des branches a ajouté la bordure semée de fleurs de lys d'or, par brevet du 7 janvier 1637.

ARMAND-DE-MIZON : d'azur, à une fasce rehaussée d'or, accompagnée en chef d'une couronne ducale de même, et en pointe d'un chevron aussi d'or.

ARMAND DE POLIGNAC : fascé d'argent et de gueules de six pièces.

ARMANDARDIERE : fascé d'or et de gueules, de six pièces.

ARMANDARIS, exempt des gardes-du-corps en 1677.

ARMANDIE : d'azur, à l'homme armé d'argent, la visière levée, le visage de carnation, et l'épée nue au poing, la lame d'argent, garnie d'or.

ARMANDS (DES), au comtat Venaissin : écartelé au 1 et 4 de gueules à trois rocs d'échiquier d'or ; au 2 et 3 d'azur, au chevron d'argent, accompagné de trois rosettes de même.

ARMANTIÈRES (DE CONFLANS , D') : d'azur , semé de billettes d'or, au lion de même brochant sur le tout.

ARMEL : d'azur, au chevron d'or, accompagné en chef de deux étoiles, et en pointe d'une tour, le tout de même.

ARMEL-DE-LANION : d'argent, à trois merlettes de sable ; au chef de gueules, chargé de trois quintefeuilles du champ.

ARMENEC, en Bretagne : d'or, à la fasce d'azur, accompagnée de trois merlettes de même.

ARMENGACE, famille de Perpignan.

ARMENGAUD (JERÔME), écuyer, seigneur de Bellaval, capitoul de Toulouse en 1692.

ARMENGOL, famille de Perpignan.

ARMENIE : d'or, au lion de gueules, armé et couronné d'or, et lampassé d'azur.

ARMENIE ou ARMENIER, en Franche-Comté : d'azur,
à la fasce d'or, accompagnée de trois moucheture
d'hermine de sable.

ARMENONVILLE (Fleuriau d') : d'azur, à l'épervier
d'argent, grilleté de même, chaperonné de gueules, et
perché sur un bâton d'or mis en fasce; au chef d'or,
chargé de trois glands de sinople.

ARMENOU : d'argent, au chevron d'azur, accompagné
en chef de deux coquilles de sable, et en pointe d'une
tête de mort de même tortillée d'argent.

ARMENTIÈRES, ville de Flandre : d'argent, à une
fleur de lys de gueules, accompagnée en chef d'un soleil d'or à dextre et d'une lune en décours de même à
sénestre.

ARMENY (Le Gendre d') : d'azur, à la bande dentelée
d'or, chargée de trois mouches de sable.

ARMES, la communauté des maîtres en fait d'armes, de
Paris portait : d'azur, à deux épées nues posées en sautoir
d'argent, garnies d'or et accompagnées de quatre fleurs
de lys de même.

ARMES (d'), en Nivernais : de gueules, à deux épées
d'argent appointées en piles vers la pointe de l'écu, les
gardes en bande et en barre, une rose d'or en chef,
entre les gardes ; à la bordure engrêlée de même.

ARMIGNAC : d'argent, au lion de gueules.

ARMILDEZ : d'or, à la croix fleurdelysée de gueules,
à la bordure componnée d'argent et de gueules de seize
pièces.

ARMINOT du CHATELET, en Bourgogne et en Champagne, originaire de Bretagne : d'argent, à trois mouchetures d'hermines ; deux et une. Supports, deux hermines
au naturel, ayant chacune une frange d'hermine au col
et pour cimier une hermine au naturel issante, portant
la même frange. Devise : *Armis notus.*

ARMINVILLE, en Dauphiné : d'azur, au chevron d'or,
accompagné de trois croisettes tréflées de même.

ARMISSAN (N..... d'), capitaine au régiment de Piémont
en 1702, chevalier de l'ordre royal et militaire de Saint-
Louis.

ARMOISES (des) en Lorraine : gironné d'or et d'azur
de douze pièces ; sur le tout parti d'argent et de gueules.

ARMORIQUE, en Bretagne : écartelé, au 1 et 4 d'azur,
à six fleurs de lys d'argent, trois, deux et une ; au 2 et 3
d'or, au lion d'azur.

ARMUET, en Dauphiné : d'azur, à trois casques ou heaumes d'argent. Devises : 1.º *Deum time;* 2.º *Arma mihi requies.*

ARMURE-DE-MAIZAY et de LOUVENT, en Lorraine, premier président de la chambre des comptes de Nancy.

ARNAC (D'), écuyer, compris dans un rôle de Bretagne de 1475.

ARNAIGE (GILLES DE L'), compris dans un rôle de Bretagne de 1488.

ARNAIL, de Mende en Languedoc : d'or, au noyer de sinople, chargé de trois étoiles d'or.

ARNAL, en Guienne : d'azur au lion d'or, armé et lampassé de gueules.

ARNALDI (RAIMOND), capitoul, de Toulouse en 1420.

ARNAUD, en Languedoc : d'or, à trois trèfles de sable.

ARNAUD même province : d'azur, à la palme d'argent, soutenue d'un croissant de même, et accompagnée en chef de trois étoiles d'or.

ARNAUD, en Languedoc : de gueules au chevron d'argent, chargé de deux palmes de sinople, et accompagnées de trois besans d'or ; écartelé d'argent, à une aigle de sable, becquée et membrée de gueules, le vol abaissé.

ARNAUD, même province : d'azur, au chevron d'or, accompagné en chef de trois étoiles de gueules, et en pointe d'un demi vol d'or.

ARNAUD, autre famille en Languedoc : d'azur, au lion d'or, surmonté d'une étoile de même, posée au premier canton.

ARNAUD, d'Aix en Provence : de gueules, au cœur d'or, soutenu d'un croissant d'argent, au chef d'azur, chargé de trois étoiles d'or.

ARNAUD-DE-LA-DOUYE : d'azur, au chevron d'or, accompagné en chef de deux palmes et en pointe d'une croix cantonnée de quatre fleurs de lys, le tout de même.

ARNAUD DE ROUSSET, en Provence : d'azur, à la bande d'or bordée de sable, accostée en chef d'une fleur de lys d'or, et en pointe d'une rose d'argent, et chargée en cœur d'un écusson d'azur, au lion d'or issant.

ARNAUD, de Vitroles en Provence : au lion d'or lampassé et armé de gueules.

ARNAUD (LAURENS), échevin de la ville de Lyon en

1676 : d'azur, au sautoir patté, échiqueté de deux traits d'argent et de gueules, chargé en cœur d'un écusson d'argent surchargé d'un monde cintré et croisé d'or; l'écusson surmonté d'une étoile de même.

ARNAUDEAU (Claude), secrétaire de l'hôtel de ville de Niort en 1638..

ARNAUDEAU, mentionné dans un titre orginal de l'an 1663.

ARNAUDEL.

ARNAUDET (Jean), secrétaire de l'hôtel de ville de Niort en 1630.

ARNAULD D'ANDILLY : d'azur, au chevron d'or, accompagné en chef de deux palmes adossées de même et en pointe d'un rocher de six monts aussi d'or, ombré d'arbustes de sinople.

ARNAULD, seigneur de Bouex et de Champniers : d'azur, au croissant d'argent, surmonté d'une étoile d'or.

ARNAULT, en Berry : d'azur, au chevron, accompagné en chef de deux étoiles d'argent et d'un croissant montant de même en pointe.

ARNAULT, en Périgord : d'azur à la bande d'or, chargée de trois losanges de gueules, et accompagnée en chef de trois étoiles d'argent, posées en bande.

ARNAUT D'ORNOULHAC : parti, au premier de gueules, à une épée d'argent posée en pal ; au second de gueules à trois fasces d'or.

ARNAY : d'argent, à la croix de sable.

ARNÉ (de Sariac d') : d'argent, à une corneille passante de sable, becquée et pattée de gueules.

ARNELLE (Simon d'), écuyer, compris dans un rôle de Bourgogne de 1402.

ARNET, compris dans l'état des familles nobles de Normandie, qui ont fait leurs preuves de noblesse en 1523.

ARNEY (Jean d'), écuyer, compris dans un rôle de Bourgogne de 1410.

ARNOIS, en Normandie : de gueules, au chevron d'argent, accompagné en pointe d'un casque de même posé de front.

ARNOLET, en Champagne : d'azur, à la croix de Lorraine d'or, à la bordure diaprée, fleurdelysée de huit pièces de même.

ARNOLET, en Lorraine : d'azur, à trois croissants montants d'argent.

ARNOLFINI DE MAGNAC, originaire de Lucques,

mais au service de France : d'or, à l'aigle éployée de sable, écartelé d'azur, à deux pattes d'ours d'or.

ARNOUL (RENÉ), maire de Poitiers en 1580 : d'azur, au chevron d'or, accompagné de trois coquilles d'argent ; au chef cousu de gueules chargé d'un croissant d'argent, accosté de deux étoiles d'or.

ARNOULT, en Champagne : d'argent, au chevron de gueules, accompagné de trois cœurs de même.

ARNOULT, en Lorraine : d'or, au pal d'azur, chargé de trois croix fleuronnées d'argent.

ARNOULT, en Lorraine : d'argent, au chevron de gueules, accompagné de trois cœurs de même.

ARNOULT, autre famille de Lorraine : d'azur, à la croix d'argent, chargée en cœur d'une fleur de lys de gueules et cantonnée de quatre roses d'or.

ARNOUVILLE (CHOPPIN D') : d'azur, à une pique d'argent fûtée d'or, et un cerf ailé et volant sur la pique de même.

ARNOUVILLE (MACHAULT D') : d'argent, à trois têtes de corbeaux de sable arachées de gueules.

ARNOY, famille noble de Languedoc, qui rendit hommage en 1724.

ARO-FRANQUEMONT : de sable, à la bande d'argent, chargée de trois molettes de gueules.

AROD-DE-LA-FAY, en Dauphiné : d'or, à la fasce vairée de deux traits, surmontée de trois étoiles d'azur. Devise : *Sans rien feindre.*

AROD (PIERRE), échevin de la ville de Lyon en 1536.

ARONDEL (HENRI D'), compris dans un rôle de Bretagne de 1164.

AROTZ (ALLONHE DES) : losangé d'argent et de sable.

AROUVILLE (GUILLAUME D'), sergent fieffé, affranchi par le roi en 1330.

AROUX : en Guienne, seigneur d'Andilly et de Pompone : écartelé au 1 et 4, d'azur, à un besan d'or, au 2 et 3 d'or, à l'aigle éployée de sable.

AROUZE DE ROCHEFORT : losangé d'or et d'azur, à la bordure de gueules.

ARPAJON, en Rouergue : écartelé, au 1 de gueules, à la croix de Toulouse d'or ; au 2 d'argent, à quatre pals de gueules ; au 3 de gueules, à la harpe d'or ; au 4 de France, au bâton péri en barre, et sur le tout de gueules à la croix d'argent.

ARPAJON, ville de France : de gueules, à la harpe d'or.

ARPENTIS : d'or, à l'écu en abîme de gueules, accompagné de six coquilles de sable, mises en orle.

ARPENTIS (RIBIER DES) : de gueules, à la fasce ondée d'argent, accompagnée en pointe d'une tête de licorne de même.

ARPILLIERS, en Champagne : d'or, à la croix de gueules.

ARPIN-LE-DUC, en Bourgogne : de sable à la croix ancrée d'argent.

ARPINAC, en Dauphiné : d'azur, au chef d'or, chargé de trois fleurs de lys de gueules.

ARQUÉ : de gueules, à une étoile d'or.

ARQUEMBOURG, en Normandie : d'argent, au chevron de gueules, accompagné de trois roses de même.

ARQUENAY (JEHAN D'), chevalier, compris dans un rôle de Bretagne de 1377.

ARQUENNES (PIERRE D'), compris dans un rôle de Bretagne de 1380.

ARQUENS : d'azur, au lion d'or, couronné de même.

ARQUES (LE PEIGNÉ D') : de gueules, à trois peignes d'or, deux et un.

ARQUES (JEAN D'), compris dans un rôle de Bretagne de 1395.

ARQUEUX, en Bourgogne : d'azur, au lion d'or, couronné et lampassé de même.

ARQUIEN-MALIGNY, d'azur, à trois renchiers d'or.

ARQUIER, en Provence : d'or, au lion de sable couronné de même, armé et lampassé de gueules, et chargé de trois fasces ondées et alaisées d'argent.

ARQUIER DE CHARLEVAL, en Provence : d'azur, au pont d'une arche d'argent, maçonné de sable et surmonté d'un lion rampant d'or.

ARQUIER (ENNEMOND D'), écuyer, capitoul de Toulouse en 1715.

ARQUINVILLIERS, en Picardie : d'hermines, papelonné de gueules.

ARRABLAY, en Périgord, famille éteinte qui portait : bandé d'argent et de gueules de six pièces.

ARRAC-DE-VIGNES, en Guienne : d'argent, au sanglier passant de sable ; écartelé d'azur, à une aigle éployée d'or, au vol abaissé.

ARRADON : de sable, à 7 macles d'argent, posées trois, trois et une.

ARRAGON, de Narbonne en Languedoc, famille rapportée dans des titres de 1560.

ARRAGONET.

ARRAGONOIS (Jean l'), chambellan du duc de Bourgogne en 1423.

ARRAS : d'argent, au lion de sable.

ARRAS, ville capitale de l'Artois : semé de France, au lambel de trois pendants de gueules, chargés chacun de trois tourelles d'or.

ARRAS, en Cambresis : de gueules, au chef d'hermines.

ARRAS, en Champagne : d'argent, au chevron d'azur, accompagné en chef de deux oies affrontées de sable, becquées et onglées de gueules.

ARRAS (Guillaume d'), échevin de la ville de Lyon en 1306.

ARRAULT (Jean d'), gentilhomme, valet de chambre du duc de Bourgogne, et son envoyé au concile de Constance en 1414.

ARREAU, en Berry : d'azur, à trois flèches empennées d'argent, péries en pal.

ARREL, en Bretagne : écartelé, d'argent et d'azur.

ARRENARD (Guillaume), reçu conseiller au parlement de Paris en 1314.

ARRENSON (Theaulme d'), compris dans un rôle de Bretagne de 1477.

ARRERAC (Jean d'), chevalier de Malte en 1608 : d'argent, à trois pins de sinople, à une étoile d'azur en chef.

ARREY (Jean d'), écuyer, mentionné dans dans des titres de 1316.

ARRIBI (Ponce), capitoul de Toulouse en 1309.

ARRICAU, en Béarn.

ARRICAVAL : d'azur, à la chaîne d'or mise en bande, accompagnée de deux coquilles de même.

ARRIÈRES : d'azur, au sautoir denché d'or.

ARRIGNI (Saint Privé d') : d'argent, au sautoir de gueules, bordé d'une dentelure de sable.

ARRODÉ (Jean), prévôt des marchands de Paris en 1289 : de gueules, à neuf quintefeuilles d'argent, mises en pal, à la bande d'azur, semée de France, brochante sur le tout.

ARROGER (Jean), échevin de Paris en 1534 : d'azur, semé de losanges d'argent, au lion d'or, brochant sur le tout.

ARROS, en Béarn : de sable, à la bande d'argent, chargée de trois molettes d'éperon de gueules.

.ARROT : de sable, à deux cygnes affrontés, ayant le cou contourné et entrelacé l'un [dans l'autre, membrés et becqués d'or, tenant un anneau de même en leur bec.

ARROUSE D'ESPARON, en Provence : d'or, à la fasce fuselée d'azur, accompagnée de trois arcs de pourpre, à la bordure de gueules, semée de fleurs de lys d'or.

ARROUX DE LA SERRE, en Languedoc, dont un chevalier de l'ordre de Saint-Lazare, capitaine au régiment d'Aunis.

ARRY (N.... d'), mentionné dans des titres de 1220.

ARS : pallé d'or et d'azur de six pièces.

ARS : d'or, à cinq fleurs de lys d'azur en sautoir.

ARS, en Provence : de gueules, fretté de lances rompues d'or, semé d'écussons d'argent, et sur le tout d'azur à la fleur de lys d'or.

ARSAL (JEAN D'), compris dans un rôle de Bretagne de 1356.

ARSAQUI, famille noble du comtat Venaissin.

ARSCHOT, ville de Flandres : d'argent, à la fleur de lys au pied nourri de sable.

ARSEL (LOUIS D'), seigneur de Normandie, qui se croisa en 1192.

ARSENS (BERNARD D'), chevalier, compris dans un rôle de Languedoc de 1207.

ARSILLIÈRE L'ORIEL : d'azur, à une tour à pan de mur d'argent, maçonnée de sable.

ARSILLY : d'or, parti de sable, au lion sur le tout, parti de l'un en l'autre.

ARSIS en Languedoc : parti au 1 d'or, à trois pals de gueules ; au 2 d'argent, à un pin de sinople, au chef de gueules, chargé de trois étoiles d'or.

ARSISANS (ODET D'), compris dans un rôle de Bretagne de 1479.

ARSON (DE SALVERT DE LA MOTTE D') : d'azur, à la croix ancrée d'argent.

ARSONVAL, en Sologne : de gueules, à deux épées à l'antique d'argent, posées en sautoir, accompagnées de trois étoiles d'or, deux en flanc, et une en chef, et d'un croissant montant en pointe.

ARSONVAL, seigneur de Chavignon et des Tournelles : tranché d'azur sur or, et une étoile à huit rais de l'un en l'autre, chargée d'une croisette de gueules.

ARSSON (Etienne), avocat, capitoul de Toulouse en 1686.

ARSY (Gallion d'), rapporté dans des titres de 1421.

ARTAIGNAN (le comte d'), lieutenant-général des armées du roi en 1702, chevalier de l'ordre royal et militaire de Saint-Louis.

ARTAUD : de gueules au lion d'argent, armé et lampassé de sable.

ARTAUD, en Dauphiné et en Provence : de gueules, au château de trois tours d'or , maçonné de sable, celle du milieu postichée de même.

ARTAUD (Jean), échevin de la ville de Lyon en 1662 : d'azur, à trois tours d'argent, maçonnées d'or.

ARTAUX : d'azur, au chevron d'or, accompagné en chef de trois croissants mal ordonnés d'argent, et en pointe d'un lion d'or.

ARTEL (Jean d'), l'un des seigneurs qui assistèrent aux noces d'Antoine de Bourgogne, en 1402.

ARTEVELD ou ARTEVELLE : de sable, à trois couronnes de laurier d'argent.

ARTHAUD, en Dauphiné : d'azur, à trois tonnes d'or.

ARTHE (Gobelet d') : d'or, à trois merlettes de sable.

ARTHE, famille rapportée dans des titres de 1223.

ATHUYS ou ARTUYS, famille originaire d'Angleterre, établie en France : d'argent, au chevron brisé de sinople, accompagné de trois feuilles de chêne de même.

ARTIGALOPE (d'), compris dans un rôle de Bretagne de 1489.

ARTIGNY (Perrotin d') : d'argent, à trois cœurs de gueules.

ARTIGOETE, originaire de Biscaye, maison établie en Champagne : d'azur, à l'anille d'argent.

ARTIGOUS.

ARTIGUES, en Guienne : d'argent, au chevron d'azur, accompagné en chef de deux étoiles de même, et en pointe d'un lion de gueules.

ARTIGUES (Dax d'), en Languedoc : d'azur, au chevron d'or, chargé à la pointe d'une quintefeuille de gueules.

ARTILLAN.

ARTILLEUR (Guillaume l'), compris dans un rôle de Bretagne de 1488.

ARTIN, en Lorraine : de gueules, à trois coquilles d'argent mises en bande, accompagnées de deux croix de Lorraine d'or, une en chef et l'autre en pointe.

ARTINVILLE (Ouvreleuil d') : d'argent, à la bande d'azur, chargée en chef d'un soleil d'or, et en pointe d'un œil humain ajouré de même, fixant le soleil.

ARTIS DE BEAULIEU (Paul), seigneur de Tiezac, capitoul de Toulouse en 1749.

ARTISE, famille noble du comtat Venaissin.

ARTOIS, comte de Longueville : semé de France, au lambel de trois pendants de gueules, chaque pendant chargé de trois tours d'or, qui est d'Artois ; l'écu de Constantinople en cœur, qui est de gueules, à la croix d'argent.

ARTOIS, comté de France : d'azur, semé de fleurs de lys d'or, au lambel de trois pendants de gueules, chargés chacun de trois tourelles d'or.

ARTON-VARENNES : d'or, au sautoir de sable, chargé de cinq fleurs de lys du champ.

ARTRAIGNES (Charles d'), compris dans un rôle de Bretagne de 1508.

ARTUIGNAN (Bernard d'), compris dans un rôle de Languedoc de 1223.

ARTUR, en Bretagne : d'azur, au croissant d'or, surmonté de deux étoiles de même.

ARTUR, en Normandie : de gueules, à une coquille d'or, au chef d'argent.

ARTUS : d'azur, à treize rocs d'or, et au lion de même, au côté sénestre, les rocs rangés trois, deux, trois, trois et deux.

ARTUS, en Normandie.

ARTY (Panneau d') : d'argent, treillisé de sable, à la fasce de gueules, chargée de deux liens en lacs d'amour d'or.

ARTZ (des), en Bourgogne : de gueules, à deux lions naissants diffamés et adossés d'argent.

ARU, à Oléron : écartelé, au 1 d'azur, au franc quartier d'or, à la bande de même, brochante sur le tout ; au 2 de Bourbon ; au 3 de France, et au 4 de Maugiron.

ARUD, en Bourgogne : d'azur, à deux dards d'argent, ferrés d'or, et posés en forme de chevron renversé, accompagnés de trois étoiles aussi d'or.

ARUIST (Charles d'), compris dans un rôle de Bretagne de 1489.

ARUNDEL (d'), dont un chevalier de Saint-Louis de ce nom, lieutenant - colonel d'Alsace, infanterie, en 1784.

ARVIEUX, en Provence : d'azur, au griffon d'or, couronné de même à l'antique.

ARVILLARD. Voyez BARRAL.

ARVILLARS, en Dauphiné : d'or, à l'aigle d'azur, membrée, becquée, languée et couronnée de gueules. Devise : *Nube altius*.

ARVILLE, famille rapportée dans des titres de 1388.

ARVISENET, seigneur d'Aurenges, confirmé dans le titre de marquis en 1726.

ARVISET, en Bourgogne : de gueules, au chevron d'or, accompagné en chef de deux larmes d'argent, et en pointe d'une étoile d'or.

ARZAC, en Rouergue : d'azur, à la bande de gueules, chargée de trois fleurs de lys d'or, accompagnée en chef de trois étoiles de même, rangées en fasce, et un mouton d'argent passant, sur une terrasse de sinople, mouvante de la pointe de l'écu.

ARZAC : d'argent, à trois bandes de gueules, au chef cousu d'or, chargé d'une aigle éployée de sable.

ARZÉ VILARIAS : d'or, à cinq fleurs de lys d'azur, posées en sautoir, à la bordure échiquetée de sable et d'argent de deux traits.

ARZÉLIERS (des) : d'or, semé de croisettes de sable, au lion de même, armé et lampassé de gueules.

ARZILLIERS (Martin d') : de gueules, à une épée d'argent garnie d'or, accompagnée de deux chaînes affrontées de même.

ASARD, en Bresse : d'or, au lion de sinople, armé et lampassé de gueules.

ASAY (Guy d'), en Languedoc, chevalier, maréchal du sire de Craon en 1351.

ASCAGNE, en Bourgogne, famille rapportée dans des titres de 1379.

ASCHE : d'or, à la fasce d'azur, au sautoir de gueules brochant sur le tout.

ASEMAR, d'Albi, en Languedoc : d'azur, à trois fasces d'or, accompagnées de trois têtes de chérubin de même, deux en chef, et une en pointe.

ASEMAR, d'Uzès, en Languedoc : d'argent, à la bande de gueules, chargée de trois croissants d'argent, et d'un lion d'or en chef.

ASFELD. Voyez BIDAL.

ASFRIET, en Provence : de gueules au griffon d'or, à la bande d'azur chargée de quatre étoiles d'argent, brochante sur le tout.

ASINIÈRE, en Auvergne : d'or, à trois molettes d'azur ; au chef de gueules, chargé d'un lion naissant d'argent.

ASNAVE (Guilaume Bernard d'), compris dans un rôle de Languedoc de 1188.

ASNE (le sire d'), favori du duc de Bourgogne en 1417.

ASNE (de l'), famille rapportée dans des titres de 1118.

ASNEL (Jean), compris dans des rôles de Bourgogne de 1437.

ASNIÈRES : d'azur, à une tour senestrée d'un avant-mur d'argent, maçonné de sable.

ASNIÈRES, en Saintonge : d'argent, à trois croissants de gueules.

ASNIERRES : d'hermines, à la fasce denchée de gueules.

ASON (Pierre d'), un des chevaliers de Malte qui, en 1480, se trouvèrent à la défense de Rhodes.

ASPAU : écartelé au 1 et 4 d'azur, à la bande ondée d'argent ; au 2 et 3 d'argent, au griffon de sable.

ASPE, cette famille a fourni plusieurs présidents au parlement de Toulouse.

ASPECT, dont un capitaine au régiment du Roi, cavalerie, en 1783.

ASPEL, seigneur de Biez.

ASPEL (Arnaud Raymond d'), compris dans un rôle de Languedoc de 1189.

ASPIERS, en Cambrésis : d'azur, à trois échiquetés d'or et de gueules.

ASPIRAN (Jean d'), damoiseau, compris dans un rôle de Languedoc de 1304.

ASPREMONT, en Lorraine et en Cambrésis : de gueules, à la croix d'argent.

ASPREMONT, seigneur de Troissereux : d'argent à la fasce de gueules, le canton dextre chargé d'un écusson bandé d'argent et de gueules de six pièces.

ASPREMONT (Lardenois d'), au duché de Bouillon : d'azur, à la fasce câblée d'argent.

ASPREY, en Lorraine : de gueules à une croix d'or, soutenue de trois trèfles d'argent à la queue tortillante, posés deux et un.

ASSALBERT (Hugues), capitoul de Toulouse en 1597.

ASSALENC, en Dauphiné : d'azur, au croissant d'argent surmonté d'une étoile de sept rais dont l'une se termine dans le croissant, de même.

ASSALHIT (Robert), capitoul de Toulouse en 1424.

ASSANTI : de sable, à trois pals d'or, à la fasce de même, brochante sur le tout.

ASSAS, en Languedoc : d'or au chevron de gueules, accompagné de deux pièces de sable en chef, et d'un croissant de gueules en pointe ; au chef de gueules, chargé de trois étoiles d'or.

ASSAS, autre famille du Languedoc : d'azur, à trois fleurs de lys fleuronnées d'or.

ASSAS, de Nîmes, en Languedoc : d'azur, à fleur de lys d'or en chef, accostée de deux étoiles de six rais de même, et en pointe d'une roche d'argent.

ASSAS, d'Uzès, en Languedoc : d'azur, au cercle nébulé d'or, environnant un cœur enflammé de même, surmonté de trois étoiles d'or ; au chef échiqueté d'or et d'azur.

ASSAT : d'or, au lion de sinople, armé et lampassé de gueules.

ASSÉ : d'azur, au chevron d'or, accompagné de trois massacres de cerf de même, posés de front.

ASSÉ, autre famille du Maine : parti emmanché d'argent et de sable de huit pièces.

ASSÉ, en Poitou : d'azur, à trois aigles becquées et membrées de gueules.

ASSE (Christophe), chevalier, compris dans un rôle de Bretagne, de 1488.

ASSELIN : d'azur, à trois croix pattées d'or.

ASSELIN, en Lorraine : d'azur, au chevron d'or, semé d'hermines de gueules, accompagné de trois croisettes ancrées d'or.

ASSELIN DE FRETEL : d'azur, au chevron d'or, accompagné en chef de trois étoiles d'argent, et en pointe d'un croissant de même.

ASSELINCOURT, en Lorraine : d'or, à l'homme de carnation vêtu de gueules, son juste-au-corps d'azur, arrêtant d'une épée un sanglier de sable, armé et lampassé de gueules.

ASSENAY (Luthier d'), en Poitou : d'argent, au lion de sable, tenant dans sa gueule un serpent de sinople, langué de gueules, posé en fasce.

ASSERAC, en Bretagne : gironné d'or et d'azur de huit pièces.

ASSESSEUR (Jean l'), élection d'Avranches, trouvé noble dans la recherche de 1463.

ASSET DE CHARACOURT, premier président au conseil supérieur d'Artois, en 1555.

ASSEURANCE (de l'), exempt des gardes-du-corps, en 1691.

ASSÉZAT TOUPIGNON DE MONSENTAL, en Languedoc, fit hommage pour la terre de Préserville, en 1734.

ASSI, en Beauce : d'argent, à un lion de sable, armé et lampassé de gueules, au chef de même, chargé de deux croissants adossés d'argent.

ASSIE ou ASSYE, en Normandie : d'argent, à deux lions de sable, lampassés d'or, passant l'un au-dessus de l'autre.

ASSIER (Pierre d'), reçu conseiller au parlement de Paris, en 1454.

ASSIER (Jean), capitoul de Toulouse, en 1589.

ASSIGNÉ, en Bretagne : d'hermines, à la fasce de gueules, chargée de trois fleurs de lys d'or.

ASSIGNIES, en Artois : d'or, à trois lions naissants de gueules, armés et lampassés d'argent. La branche d'Antoine d'Assignies portait : vairé d'or et d'azur, au franc quartier de sable, chargé d'une épée d'argent, garnie d'or, la pointe en bas. Une autre branche porte : fascé de gueules et de vair de six pièces.

ASSIGNY, en Bourgogne : d'hermines, au chef de gueules, chargé d'une fasce vivrée d'or.

ASSIGNY (Jean d'), en Normandie, chevalier, compris dans une montre de 1378.

ASSINES (Jehan d'), compris dans un rôle de Languedoc, en 1374.

ASSIS-DE-LA-CHASSAGNE (des).

ASSON (de Kéradreux d') : d'azur, à trois lions d'or.

ASSONLEVILLE : d'argent, à la fasce de sable, chargée de trois molettes du champ. Une autre branche porte : fascé d'argent et d'azur de six pièces ; les fasces d'argent chargées de six fleurs de lys de gueules, 3, 2, 1. La branche de Roose, porte : de gueules, au chevron d'argent, accompagné de trois roses de même.

ASSONVILLE, en Cambrésis : d'argent, à deux chevrons d'azur, accompagnés de deux étoiles de même en chef.

ASSY (Bourdin d') : d'azur, à trois massacres de cerfs d'or ; les cadets de cette famille la brise d'un chevron d'or.

AST (Henriot d'), écuyer, compris dans un rôle de Bretagne, de 1418.

ASTAFORT (Bernard d'), compris dans un rôle de Languedoc, de 1191.

ASTARAC : écartelé d'or et de gueules.

ASTARCE, de Pierrelate et de Merindols, secrétaire du Roi en 1461.

ASTE : de gueules, à trois dards d'or en pal, les pointes en bas, barbelés d'argent.

ASTELANT (Guillaume d'), écuyer, compris dans un rôle de Bretagne de 1392.

ASTEN : de gueules, à trois chevrons d'azur, engrêlés d'argent.

ASTERAL : d'azur, à cinq besans d'or posés en sautoir,

ASTIE : de gueules, à la croix d'argent.

ASTIER DE SOUBIRATS : d'or, à la bande de sable.

ASTIER, en Provence : d'argent, à l'arbre de sinople, issant d'une terrasse de même ; au chef d'azur, chargé d'un soleil, accosté de deux étoiles, le tout d'or.

ASTIER (Saint) : burelé d'or et de gueules.

ASTIER (Saint) : d'or, à la fasce de gueules.

ASTIN, de Gonneville, en Normandie ; famille ancienne, qui a donné un évêque à l'église de Lizieux, dans Foulques d'Astin, en 1250.

ASTINGUE (Jehan d'), écuyer, compris dans un rôle de Bretagne, en 1356.

ASTOAUD ou ASTUARD, en Provence : de gueules, à l'aigle d'or, becquée et onglée d'azur. Devise : *Foi à qui l'a.*

ASTON : de sable, enté en pointe d'argent.

ASTORG, en Auvergne : de sable, à un faucon d'argent, longé et grilleté d'or, posé sur une main gantée aussi d'or, et accompagnée en chef de deux fleurs de lys d'argent, et en pointe d'une demi-fleur de lys de même, mouvante de l'extrémité du flanc dextre de l'écu.

ASTORG, seigneur de Montbartier, en Languedoc : d'or, à l'aigle de sable.

ASTRE (Vital Pons d'), capitoul de Toulouse, en 1284.

ASTRES, en Provence : d'or, au griffon de gueules, à la

bande d'azur, brochante sur le tout, chargée de quatre étoiles ou astres d'argent.

ASTRIÈS, seigneur de Beaumettes, en Provence : de gueules, à cinq éperviers d'or, posés 2, 2 et 1.

ASTRIOT : de gueules, au griffon d'or, à la bande d'azur brochante sur le tout, chargée de cinq étoiles d'argent.

ASTROUIN, en Provence : d'azur, au lion d'or élevant le pied dextre, appuyé sur un tronc d'argent, vers un soleil sortant de l'angle dextre ; au chef cousu de gueules, chargé de trois étoiles d'or.

ASTRUC, en Languedoc : fascé d'or et de gueules de six pièces.

ASTUGNE (Raimonet d'), écuyer, compris dans un rôle de Bretagne de 1414.

AT (Jean), capitoul de Toulouse, en 1441.

ATBRAND, gouverneur de la ville de Montpellier, en 1239.

ATEMONT (Henri d'), écuyer, compris dans un rôle de Bretagne de 1380,

ATHALIN, avocat-général au parlement de Besançon, en 1771.

ATHÉAUD (Mathieu), échevin de la ville de Lyon, en 1543.

ATHÉE (La Verne d'), en Bourgogne : d'azur, à la rose de gueules, sur un vol et demi d'or.

ATHÉIS (Jehan), compris dans un rôle de Bretagne, de 1489.

ATHÉNOSI, famille noble du comtat Venaissin.

ATHENOT DE LA BASTIE SAINT-ROMAIN, au comtat Venaissin.

ATHENOUL, en Dauphiné : de gueules, au château donjonné de trois tours d'or, celle du milieu supérieure, chaque tour crénelée de trois pièces, maçonnée et postichée de sable ; au chef cousu d'azur chargé d'un croissant montant d'argent, côtoyé de deux roses de même.

ATHIAUD DE MONCHANIN (Louis), échevin de la ville de Lyon, en 1688 : d'azur, à trois épis de froment d'or.

ATHIES : d'argent, à trois fasces de sable, à la bande de gueules brochante sur le tout.

ATHIES (De Fay de Puisieux et d'), en Picardie : d'argent, semé de fleurs de lys de sable.

ATHIS, en la principauté d'Orange.

ATHON (Pierre), capitoul de Toulouse, en 1368.

ATHY (Jean d'), chevalier, compris dans un rôle de Bretagne de 1396.

ATICHI : d'or, au lion de sable, accompagné de trois croissants montants de même.

ATILLAN (Pierre d'), compris dans un rôle de Languedoc, de 1314.

ATILLE (Jehan d'), écuyer, compris dans un rôle de Bretagne, de 1384.

ATILLY (d'), dont un chevalier de l'ordre royal et militaire de Saint-Louis de ce nom, major du régiment de l'Ile-de-France, en 1789.

ATIN : d'or, au fer de moulin de gueules.

ATINVILLE, en Beauvoisis : famille rapportée dans des titres de 1204.

ATIS, en l'Ile-de-France : d'or, à trois chevrons de sable, dont la cime est tranchée et taillée.

ATRAS (Gailladier d'), compris dans un rôle de Bretagne, de 1488.

ATRIO (d'), gentilhomme provençal.

ATTAINVILLE (Oudard d'), compris dans un rôle de Languedoc, de 1389.

ATTEIGNANT (de l'), d'azur, à trois coqs d'argent.

ATTICHY : d'or, à la croix de gueules, chargée de cinq coquilles d'argent, et cantonnée au premier d'un lion de sable, et aux trois autres cantons de douze alérions d'azur.

ATTICHY (de Hacqueville d') : d'argent, au chevron de sable, chargé de cinq aiglons du champ, et accompagné de trois têtes de paon d'azur.

ATTIGNAC, admis aux états de Bourgogne, en 1671.

ATTIGNEVILLE (Viart d'), en Blaisois : d'azur, à trois boulets d'argent mis en pal, accompagnés en chef à dextre de trois roses d'or, feuillées d'argent, mal ordonnées et à senestre de trois croix ; celle du chef d'argent et les deux autres d'or.

ATTON DE BOUVRAY : de gueules, à trois besans d'or, chargés chacun d'un tourteau d'azur.

AUBAIN.

AUBAIS, député de Nîmes pour l'assemblée de la noblesse du Languedoc, en 1529.

AUBAIS. Voyez Baschi.

AUBAN (Damphoux de Saint-), en Languedoc : de gueules, fretté d'argent, et semé d'écussons de même.

AUBANEL, maître d'hôtel du roi Réné, comte de Provence.

AUBARÈDE, en Lyonnais : d'argent, au chevron de gueules, accompagné de trois fleurs de pensées au naturel feuillées et tigées de sinople ; au chef de gueules, chargé d'une tête de lion arrachée d'or.

AUBAUD, en Artois : d'argent, à l'aigle éployée de sable onglée d'or.

AUBE, en Picardie : de gueules, à huit losanges d'argent mises en croix.

AUBE, en Provence : d'or, à l'ours rampant de gueules. Devise : *Mihi nascitur et perit ira.*

AUBE (L'), de Courcelles, famille qui assista aux assemblées de la noblesse de Bourgogne.

AUBÉ DE GIF, seigneur de Saint-Aubin.

AUBEAUX (Jean seigneur des), compris dans une montre de chevaliers-bacheliers de 1405.

AUBELIN, en Champagne : d'argent, à la bande de gueules, chargée de trois besans d'or.

AUBELIN DE NUISEMENT, en Champagne : d'azur, au chevron d'or, accompagné en chef de deux étoiles de même, et en pointe d'un rencontre de cerf aussi d'or.

AUBELIN DE VILLERS-AUX-BOIS, chevalier, qui assista à l'assemblée de la noblesse de Châlons-sur-Marne, en 1789.

AUBENCHEUL : d'or, à trois hamaïdes de gueules.

AUBENEY (GUILLAUME D'), compris dans un rôle de Bretagne, de 1335.

AUBENTON, en Normandie : d'azur, à trois rateaux d'argent.

AUBÉPINE, en Beauce : écartelé, au 1 et 4 contr'écartelé, au 1 et 4 d'azur, au sautoir alaisé d'or, accompagné de quatre billettes de même ; au 2 et 3 de gueules, à trois fleurs d'aubépine d'argent ; au 2 et 3 des écartelures, de gueules, à la croix ancrée de vair.

AUBER : écarté, d'or et d'azur, à la bordure écartelée de l'un et de l'autre.

AUBER D'AUBEUF, en Normandie : d'argent, à trois fasces de sable, accompagnées de quatre roses de gueules, deux en chef, une au-dessus de la seconde fasce, et l'autre en pointe.

AUBER, de Caudemouve : pallé d'argent et de gueules de six pièces, au chef d'azur.

AUBER DE PEYRELONGUE : d'azur, à un pal d'argent

accosté de quatre étoiles d'or, posées deux de chaque côté, l'une au-dessus de l'autre ; au chef cousu de gueules, chargé d'une fasce ondée d'argent.

AUBERAYE (Jean d'), compris dans un rôle de Bretagne, de 1327.

AUBERBOS (Perrinet d'), compris dans un rôle de Bretagne, de 1392.

AUBERCHE.

AUBERCICOURT, en Cambrésis : d'hermines, à trois hamaïdes de gueules.

AUBERCOURT (Le Picart d'), en Picardie : d'azur, à deux haches d'armes d'argent, emmanchées d'or, adossées et passées en sautoir, accompagnées en chef de deux merlettes d'argent.

AUBERGER, en Languedoc : de gueules, à trois rochers d'argent, accostés, de deux besans de même.

AUBÉRI, seigneur du Maurier : de gueules, à un croissant d'or, accompagné de trois trèfles d'argent.

AUBERIÈREL (Pourroy de l') : d'or, à trois pals de gueules, au chef d'azur, chargé de trois molettes d'éperon d'argent.

AUBERJON, en Languedoc : d'azur, à six besans d'or, posés trois, deux et un.

AUBERJON DE MURINAIS, en Dauphiné : d'or à une bande d'azur, chargée de trois hauberts à cottes-d'armes d'argent. Devise : *Maille à maille se fait l'Auberjon.*

AUBERMONT, en Cambrésis : de sable, à la fleur de lys épanouie d'argent, rayonnée de deux filets fleuronnés, pliés et adossés d'or, mouvant d'entre les deux branches supérieures de la fleur.

AUBERNES, en Anjou : de gueules, à trois fleurs de lys d'argent.

AUBERT : d'azur, au chevron d'or, accompagné de trois chandeliers de même.

AUBERT, en Bourgogne : d'or, à trois têtes de lévrier de sable.

AUBERT, en Cambrésis : d'or, à trois chevrons de gueules.

AUBERT, en Lorraine : de sable, au chevron d'argent, accompagné en pointe d'un casque ouvert de même, au chef d'or.

AUBERT, en Lorraine : de sinople, à trois monts d'or.

AUBERT, en Lorraine : d'azur, à la fasce d'or, accompagnée en chef d'une croix de Bourgogne de même, sur-

montée d'un cœur de gueules, et en pointe un croissant montant d'argent, aussi surmonté de trois étoiles
d'or.

AUBERT, en Provence : de gueules, à l'anneau d'argent,
attaché en sautoir par des chaînons de même.

AUBERT, en Saintonge : losangé d'azur et de gueules, à
la bande d'or brochante sur le tout.

AUBERT-ARGENTIER, en Lorraine : d'azur, à la croix
ancrée et alaisée d'argent, chargée d'un cœur de gueules.

AUBERT-D'AUNAY, en Normandie : de gueules, à trois
trèfles d'or ; au chef cousu de sable chargé d'un croissant
du second.

AUBERT, seigneur de Caudemont, en Normandie : pallé,
d'argent et de gueules, au chef d'azur.

AUBERT DE SAINT-GERMAIN, du Petit-Thouars et de
Rassay : d'azur, à une cotte-maille d'or.

AUBERT-DE-MESSAIGNE.

AUBERT-DE-NOYON : de gueules, au lion d'argent, à
la bande d'azur sur le tout ; au chef de gueules chargé
de trois coquilles d'argent et soutenu de même.

AUBERT DE RESY, en Franche-Comté : d'azur, au lion
d'argent.

AUBERT DE TOURNY, en Normandie : de sable, à l'aigle d'or ; la tête élevée à dextre regardant une étoile
d'or.

AUBERT (Pierre), échevin de la ville de Lyon, en 1699 :
d'azur, au chevron d'or ; au chef de même.

AUBERTICOURT : d'hermines, à une hamaïde de gueules.

AUBERTIN, en Lorraine : d'azur, à la fasce d'or, accompagnée de trois besans d'argent.

AUBERTIN, en Lorraine : d'argent, au chevron de gueules, accompagné en pointe d'une étoile de même ; au
chef d'azur chargé d'un lion léopardé d'or.

AUBERTIN DE BARTHÉLEMONT, en Lorraine : d'azur,
à la fasce d'or, chargée d'une aigle éployée de sable, et
accompagnée de trois besans d'argent.

AUBERTIN DE HADONVILLER, en Lorraine : d'azur,
à une étoile d'or en chef, et deux lions de gueules,
armés et lampassés d'or, issants de deux rochers d'argent, posés aux deux cantons de l'écu, en pointe.

AUBERVILLE : écartelé, au 1 et 4 de gueules, à trois
fers de pieu d'argent, posés en pal ; au 2 et 3 d'azur, à
deux léopards d'or.

AUBERVILLIERS : d'azur, à deux léopards d'or.

AUBERVILLIERS : de gueules, au loup d'or.

AUBERY, en Bourbonnais : d'azur, au chevron d'or, accompagné de trois têtes de dauphin d'argent, allumées de gueules ; à la bordure de même.

AUBERY DE BELLEGARDE, en Normandie : d'argent, à une fasce d'azur, chargée d'une aigle éployée d'or, accostée de deux écrevisses d'argent.

AUBERY DE LA MOTTE : écartelé, au 1 et 4 fascés d'or et de sable ; au 2 et 3 d'azur, au lion d'or.

AUBERY DE VASTAN, en Berry : d'or, à cinq trangles de gueules.

AUBES : d'or, à l'ours rampant de sable.

AUBES : seigneur de Roquemartine, en Bourgogne : d'or, à l'ours écorché de gueules.

AUBESPIN : d'or, à trois griffons d'azur, armés, becqués et couronnés de gueules.

AUBESPINE-CHATEAUNEUF : d'azur, au sautoir alaisé d'or, accompagné de quatre billettes de même, celle de la pointe soutenue d'une rose aussi d'or.

AUBESPINE, en Berry : de gueules, à trois quintefeuilles d'argent, écartelé de Berruyer, qui est d'azur au heaume d'argent.

AUBETERRE, en Bourgogne : d'azur, à trois fasces d'or, accompagnées en chef de trois étoiles de même, et en pointe d'une rose aussi d'or.

AUBETERRE. Voyez BOUCHARD.

AUBETRÉES DE LA COLOMBIÈRE (DE NOGENT D') : de gueules, au chevron d'argent.

AUBIER, en Auvergne : d'or, au chevron de gueules, surmonté d'un croissant d'azur, entre deux molettes d'éperon de même.

AUBIERAS (STRADA D'), en Auvergne : coupé, au 1 d'or, à l'aigle couronnée de sable ; au 2 parti, tiercé en fasce, de sable, d'argent et de gueules, et bandé de gueules et de sable.

AUBIERS (LE CLERC DES) : d'azur, au chevron d'or, accompagné en pointe d'une roue d'argent.

AUBIGNAC (FREVOL D'), en Languedoc : de gueules, à deux lions affrontés d'or, tenant une roue de même, sur un mont aussi d'or.

AUBIGNÉ, en Anjou : de gueules, au lion d'hermines couronné, armé et lampassé d'or.

AUBIGNÉ, en Bretagne: de gueules, à quatre fusées d'argent, posées en fasce.

AUBIGNY, ville de Berry: de gueules, à la tour crénelée d'argent, ouverte et ajourée d'azur; au chef cousu de même, chargé de trois fleurs de lys d'or.

AUBIGNY, en Bourgogne: d'or, à la bande de gueules, chargée de trois lionceaux d'argent.

AUBIGNY, en Cambrésis et en Bretagne: d'argent, à la fasce de gueules, chargée de trois besans d'or.

AUBIGNY, en Picardie: de gueules, à trois châteaux fendus d'or, sommés de trois tours de même.

AUBIGNY-RICHEMONT, en Berry: écartelé au 1 et 4 quartier contr'écartelé de France et d'Angleterre; au 2 d'or, au lion de gueules enclos d'un double trécheur, contre-fleuronné de même; au 3 d'azur, à la harpe d'or, à la bordure componnée de douze pièces d'argent et de gueules, chaque compon d'argent chargé d'une rose de gueules.

AUBIJOUX. (Voyez Ambroise d'.)

AUBILLY (de Vassan de Puisieux et d'), en Valois: d'azur, au chevron d'or, accompagné en chef de deux roses d'argent, et en pointe d'une coquille de même.

AUBIN: d'azur, à la salamandre d'or, vomissant des flammes de même; au chef d'argent chargé de trois trèfles de sinople.

AUBIN: d'azur, au chevron d'or, accompagné de trois gerbes de blé de même.

AUBIN-D'AUBIGNÉ: d'argent, à quatre pals de gueules, accompagnés de six tourteaux de même, trois à chaque flanc.

AUBIN DE GAINCRU, en Bretagne: d'azur, à la fasce d'or accompagnée de trois croix pattées de même.

AUBIN DE MALICORNE, en Anjou: de sable, à trois poissons d'argent, posés en fasce l'un au-dessus de l'autre.

AUBIN, seigneur de Planoy et de la Bonière: d'argent, à la fasce de sinople, accompagnée de quinze billettes de gueules, posées cinq, quatre en chef, trois, deux et une en pointe.

AUBIN (Saint-): d'argent, à la bande de gueules, chargée de trois besans d'or.

AUBIN (Saint-): en Auvergne: d'argent à un écu de sable en cœur, accompagné en chef de trois merlettes de même.

AUBIN (Saint-) de GRUEL, en Nivernais : d'or, à la bande échiquetée de sable et d'argent de deux traits.

AUBIN (Giraud), seigneur des Gourfaillis, maire de Niort, en 1589.

AUBINEAU DE LA RISCATELLIÈRE, en Poitou : losangé d'or et de gueules.

AUBINES (le sieur d'), compris dans le rôle des gentilshommes employés dans la guerre de 1563.

AUBISSON (Germain), capitoul de Toulouse, en 1663.

AUBLEY, en Picardie, seigneur de Villers-Santeuil.

AUBLIN : d'azur, au chevron d'argent, accompagné en chef de deux étoiles d'or, et en pointe d'une tête de léopard de même.

AUBLIN, en Champagne : d'argent, à la bande de gueules, chargée de trois besans d'or.

AUBON ; il existe un titre original de l'an 1410.

AUBONNE : d'azur, au chevron d'argent, accompagné en chef de deux étoiles de même, et en pointe d'un croissant aussi d'argent.

AUBOSC (Pierre d'), l'un des gentilshommes qui défendirent le Mont Saint-Michel, en 1424.

AUBOURG : d'azur, à la fasce d'or.

AUBOURG, en Picardie : d'azur à trois fasces d'or.

AUBOURG, seigneur de Boury : d'azur, au lion d'or, accompagné en chef à dextre d'une étoile de même, et à senestre d'une étoile d'argent.

AUBOUST, en Limosin : d'argent, au chevron de gueules, accompagné en chef de deux hibous affrontés de sable, et en pointe d'un arbre de sinople, planté sur une terrasse de même ; au chef d'azur, chargé de trois étoiles d'or.

AUBOUTET, en Berry : d'or au chevron de gueules, accompagné de trois merlettes de sable.

AUBRAY, en Normandie : d'argent, au croissant de gueules, accompagné de trois trèfles de sable.

AUBRÉE (Fralin), sergent d'armes du roi, en 1398.

AUBRELIN (Adam), écuyer, compris dans un rôle de Bourgogne de 1419.

AUBRELIQUE, seigneur de Ronquerolles et de la Motte : écartelé, au 1 et 4 d'azur, au chevron d'or, accompagné de trois roses d'argent ; au 2 et 3 d'azur, au lion d'or, accompagné en chef de deux étoiles d'argent.

AUBREMONT DE RIBAUCOURT : de sable, à la fleur de lys épanouie d'argent.

AUBREUIL (Rousseau d') : d'or, à la fasce d'azur, accompagnée de trois tourteaux de sable.

AUBRI : burelé d'or et de gueules.

AUBRI DE CASTERNAU, en Berry : d'argent, à la hure de sanglier de sable, allumée et défendue du champ ; au chef dentelé d'azur, chargé de trois roses d'or.

AUBRICOURT (Le Sire d'), rapporté dans des titres de 1477.

AUBRIÈRES (N... des), cornette de la première compagnie des Mousquetaires du roi en 1702, chevalier de l'ordre royal et militaire de Saint-Louis.

AUBRIET ; il existe un titre original de l'an 1660.

AUBRIOT, en Bourgogne : de gueules, à l'étoile d'or, au chef cousu de Bourgogne ancien, qui est bandé d'or et d'azur, à la bordure de gueules.

AUBRISE, en Provence : de gueules, à la fasce d'or, chargée de trois chevrons couchés d'azur.

AUBRUNS (Jarnage des), en Berry : de gueules, à deux chevons d'or, accompagnés en chef de deux croissants, et en pointe d'un scorpion, le tout de même.

AUBRY : de gueules, à trois pals d'or, chargés chacun d'un trèfle de sinople.

AUBRY : d'or, à cinq trangles de gueules.

AUBRY, en Bretagne : d'argent, à trois fleurs de lys d'azur.

AUBRY, en Lorraine : parti de sable et d'argent, le 1er chargé de deux roses d'argent en pal ; et le 2me de deux roses de sable aussi en pal, et en cœur un anneau de de l'un en l'autre.

AUBRY, en Cambrésis : de gueules, au croissant d'argent.

AUBRY, en Lorraine : d'azur, à cinq étoiles d'argent posées en croix.

AUBRY, en Lorraine : d'argent, au lion de gueules, tenant une palme au naturel.

AUBUISSON, en Languedoc : écartelé, au 1 et 4 d'or, à l'aigle de sable fondant sur un buisson de sinople, accompagnée en chef de deux croix ancrées de gueules, qui est d'Aubuisson ; au 2 et 3 de huit points d'or, équipolés à sept de vair, à la bordure componnée de Castille et de Léon, qui est de Vélasco. Légende : *Ricos-Hombres*.

AUBURTIN, en Lorraine : d'azur, à la gerbe avec ses racines d'or, accostée de deux soucis de même, surchargée d'un chevron d'argent, et surmontée en chef de trois étoiles d'or.

AUBUSSON DE LA FEUILLADE : d'or, à la croix ancrée de gueules.

AUBUZ (Joachim des), compris dans un rôle de Bretagne, de 1497.

AUBY, de Douay : d'azur au chef d'argent, à trois roses de l'un en l'autre.

AUCALOT (Hamon d'), compris dans un rôle de Bretagne, de 1313.

AUCAPITAINE, en Berry : d'argent, à deux fasces de gueules.

AUCÉ : d'argent, au chef emmanché de gueules.

AUCHAT DU PLESSIS, en Bretagne : de sable, au chat effrayé d'argent.

AUCHE (Guillaume d'), écuyer, compris dans un rôle de Bretagne, de 1415.

AUCHER DU PUY, en Poitou : d'azur, à trois miroirs de toilette bordés d'argent.

AUCHERS : d'or, au chevron d'azur, accompagné en pointe d'une étoile de sable ; au chef d'azur, chargé de trois molettes du champ.

AUCHY : d'azur, semé de billettes d'or, au lion de même.

AUCOIH, en Gâtinais : d'argent, à la fasce de gueules.

AUCOURT DE SAINT JUST, conseiller à la cour des aides de Paris.

AUCY : d'argent, à trois losanges de gueules.

AUDA, à Nice et à Marseille : de gueules, à la bande d'or, accostée de deux lévriers rampants de même. Quelques branches de cette famille portent : d'or, à la bande de gueules, accompagnée de deux loups passants et affrontés de sable.

AUDANS (du Solier d'), en Limosin : de gueules, au lion d'or, tenant de sa patte dextre une épée d'argent, garnie d'or, et accostée de deux gantelets de même.

AUDANT (Phélipot d'), écuyer, compris dans un rôle de Bretagne, de 1382.

AUDART (Hugues), l'un des chevaliers tués à la bataille de Poitiers, en 1356.

AUDAS : il existe de cette famille un contrat original de l'an 1682.

AUDE ou **AULDE** ; il existe de cette famille des titres originaux, des années 1481, 1581 et 1582.

AUDÉ (Jean - Jacques - Augustin d'), vicomte d'Alzon,

chevalier qui assista à l'assemblée de la noblesse de Châlons-sur-Marne, convoquée en 1789.

AUDEBAUD, l'un des chevaliers qui prêtèrent serment de fidélité au comte de Toulouse, en 1249.

AUDEBERT, en Lyonnais : d'or, à la fasce de gueules.

AUDEBERT (JACQUES), maire de Poitiers, en 1640 : d'azur, à trois croix pattées d'argent. Devise : *Levant hæc Pondera cives.*

AUDELARD (JACQUOT D'), en Bourgogne : d'argent, à trois fleurs de violettes tigées et feuillées, le tout au naturel.

AUDELAY : d'hermines, au chevron de gueules.

AUDEMAR, originaire de Languedoc : d'azur, à une croix alaisée d'argent, accompagnée de trois étoiles d'or, rayonnées de gueules, et chargées chacune d'un tourteau de même.

AUDENCOURT, en Cambrésis : d'argent, au sautoir de gueules.

AUDENCHAM, connétable de France, en 1370.

AUDENEORT, en Artois.

AUDERIC DE LASTOURS, en Languedoc : d'argent, à l'arbre de sinople, senestré d'un chien de sable, rampant contre le fût de l'arbre ; au chef d'azur, chargé de trois étoiles d'or.

AUDEVIN.

AUDEYER : d'argent, au chevron de gueules; au chef d'azur chargé de trois étoiles d'or.

AUDEBERT, en Languedoc : de gueules, au lion d'or, armé et lampassé de gueules.

AUDIBERT, en Languedoc : écartelé, d'azur et de gueules.

AUDIBERT, en Provence : d'or, à trois merlettes de sable posées en bande.

AUDIBERT DE LUSSAN : d'or, au lion de gueules.

AUDIBERT DE RAMATUELLE, en Provence : d'argent, au chêne de sinople entrelacé, glandé de même, à la bordure dentelée de gueules; au chef de gueules, chargé d'un cœur d'or, accosté de deux étoiles de même.

AUDIFFRET, en Provence : d'or, au chevron d'azur, chargé de cinq étoiles d'or, et accompagné en pointe d'un faucon de sable, posé sur un rocher de même, ayant la patte dextre levée et la tête contournée ; à la bordure crénelée de sable.

AUDIGUIER (ISNARD), compris dans un rôle de Languedoc, de 1222.

AUDIMAR, en Provence : de gueules , à deux pigeons d'argent sur une mer de même ; au chef cousu d'azur, chargé de trois étoiles d'or.

AUDINET : de sinople, à la bande ondée d'argent.

AUDINVILLE, en Lyonnais : d'argent , à la croix de gueules frettée d'or.

AUDOIN (Antoine), échevin de la ville de Lyon, en 1517.

AUDONET (Jean), capitoul de Toulouse, en 1571.

AUDONNET (Aimeri), maire de Poitiers, en 1290 : de gueules, à la tour d'argent, sur une terrasse de sinople.

AUDOUARD (Joseph), seigneur de Saint-Thibault, maire de Niort, en 1592.

AUDOUER (Jacques), maire de la Rochelle, en 1454.

AUDOUIN en Languedoc : d'argent, à un chien rampant et cloché de sable.

AUDOUIN , en Normandie : d'argent, à l'aigle éployée de sable.

AUDOUS , gentilhomme du Languedoc , compris dans un rôle de 1574.

AUDRÉGNIES , en Cambrésis : d'or, à cinq bâtons de gueules.

AUDREN (l') : d'argent, à un coq de sable.

AUDREN, en Bretagne : de gueules , à trois tours d'or, maçonnées et essorées de sable.

AUDRIEU : d'argent , à la fasce de sable , chargée de trois molettes d'or.

AUDRISSI : d'azur, à trois arcs cordés d'or , mis en pal , et surmontés de trois étoiles, ou molettes de même.

AUDRIZET.

AUDRY, famille mentionnée dans des actes de 1567, 1607, 1623, 1629 et 1687.

AUFAI , en Beauvoisis : d'or , à la bande d'azur , accompagnée de huit merlettes de gueules, mises en orle.

AUFÉGNIES , en Beauvoisis , famille rapportée dans des titres de 1374 à 1454.

AUFEIMES (Fougues d'), chevalier, mentionné dans un titre de 1224.

AUFFAY, au pays de Caux : de 'gueules , à la bande d'or , chargée de cinq losanges de gueules, dans le sens de la bande.

AUFFLIER (Saint), en Nivernais : d'azur, à la croix d'or, cantonnée de vingt croix recroisetées, de même.

AUFFREY, seigneur du Menil, en Normandie : de gueules, à l'écusson d'argent, chargé de trois croissants d'azur, et bordé de même ; à l'orle, de huit besans d'or.

AUFRERI (Thomas), seigneur d'Aigues-Vives, capitoul de Toulouse en 1506.

AUFRESNE, seigneur de Valmorin, en Picardie.

AUFRET, en Bretagne : d'argent, à trois fasces de sable, au lion d'or, brochant sur le tout, armé, lampassé et couronné de gueules.

AUFREVILLE : d'argent, à l'aigle de sable, becquée et membrée de gueules.

AUFREVILLE (Hallot d'), en Normandie : d'argent à deux fasces de gueules, surmontées de trois annelets de même.

AUFROY (Henry), échevin de Paris en 1421.

AUGA, en Béarn : écartelé, au 1 et 4 d'argent, à trois fasces de gueules ; au 2 et 3 d'or, au lévrier rampant de gueules.

AUGE, en Normandie : d'argent, semé de billettes de gueules, au lion de même, brochant sur le tout.

AUGEARD, en Anjou : d'azur, à trois jards ou oies d'argent. Une autre branche : écartelé de sable, au croissant d'or.

AUGENAIS, écuyer, compris dans un rôle de Bretagne de 1388.

AUGER, en Berry : d'argent, à la croix pleine de sinople, cantonnée au 1 et 4, de deux fasces de léopard de gueules, et au 2 et 3, de deux corneilles de sable.

AUGER, en Champagne : d'azur, à une fasce d'or.

AUGER, en Champagne : d'or, à trois écrevisses de gueules.

AUGER, en Normandie : d'azur, semé de flammes d'or, au phénix sur son immortalité, fixant un soleil mouvant du canton dextre du chef, le tout de même.

AUGER-LANOY, au Maine : d'or, à la bande de sable, chargée de trois lionceaux d'argent.

AUGERANT (Robert d'), chevalier, compris dans un rôle de Bretagne en 1352.

AUGÈRES (d'Harambure des), en Normandie : d'or, à l'arbre arraché de sinople, senestré d'un ours de sable, rampant sur le fût de l'arbre ; à la bordure de gueules, chargée d'un orle de huit sautoirs d'or.

AUGERS, en Languedoc, rendit hommage en 1722, pour la terre de Sabresan.

AUGES-LES-PREVAUST, en Bourgogne : d'argent, au sautoir dentelé de gueules, chargé d'un autre sautoir d'or, et cantonné de quatre têtes de Maures de sable.

AUGET, en Brie : d'argent, à une fasce de gueules, accompagnée de trois têtes d'aigle, arrachées et languées de même.

AUGEVILLER, famille noble de Lorraine.

AUGI (Pierre d'), compris dans un rôle de Bretagne de 1429.

AUGIER-DE-CAVOYE, en l'île de France : d'or, à la bande de sable, chargée de trois lionceaux d'argent.

AUGIER, de Saint-Luc, en Normandie : d'azur, au lion rampant d'or.

AUGIER (Jean), prévôt des marchands de Paris en 1268 : d'azur, à la bande d'or, chargée à dextre d'une étoile de gueules, et accompagnée de trois merlettes d'argent.

AUGIER (Pierre - Raymond), capitoul de Toulouse en 1378.

AUGIERS (N... des), capitaine de vaisseau en 1702, chevalier de l'ordre royal et militaire de Saint-Louis.

AUGIEZ, en Lorraine : d'azur, à la fasce d'or, accompagnée de trois merlettes d'argent.

AUGNAC (l'), seigneur de Sivry, en Bourgogne.

AUGNE, en Bourgogne : d'argent, à trois fasces de gueules, accompagnées en chef de trois merlettes de sable.

AUGNI, président à mortier au parlement de Metz en 1729.

AUGNON, en Artois.

AUGNY (Estienne d') : de gueules, à la bande câblée d'argent, nouée en cœur d'un nœud en barre de sable, et accompagnée en chef d'une croix tréflée au pied fiché d'or, et en pointe d'une coquille d'argent.

AUGOUX, en Bretagne, famille mentionnée dans des titres de 1488.

AUGRALE, seigneur de Dourton.

AUGRON ; cette famille a fourni plusieurs maires de Poitiers : d'argent, au chevron d'azur, accompagné de trois mouchetures de sable.

AUGUN (Brunet d'), gentilhomme, tué à la bataille de Poitiers en 1356.

AUGUSTIN DE COURBAT, en Touraine : de gueules à la bande d'argent.

AUGUSTINE, en Provence : d'or à l'arbre arraché de sinople, surmonté d'une aigle de sable.

AULAN ; cette famille a fourni un mestre de camp, nommé en mai 1766 gouverneur de l'île de Ré.

AULAYE (DE SAINTE) : d'or, à trois chabots de gueules.

AULBEPIERRE ou AUBEPIERRE, en Lorraine : de gueules, à trois cailloux d'argent.

AULBERY, en Lorraine : d'azur, au rocher d'argent, ombragé de sinople, au lion léopardé de gueules, issant dudit rocher.

AULBONNE, originaire du pays de Vaud : d'or, au chevron brisé de trois pièces d'azur.

AULBOT, en Lorraine : de sable, au chevron d'argent, accompagné d'un triangle de même en pointe ; au chef d'or.

AULDE, seigneur d'Hermeville, au pays de Caux.

AULE, famille de Salins, en Franche-Comté.

AULEDE-LESTONNAC, en Provence et en Guienne : d'azur, au lion d'or.

AULEDE, seigneur de Pardaillan : d'argent, au lion de sable armé, lampassé et couronné de gueules ; à la bordure de sable chargée de onze besans d'or.

AULGE (JEAN D'), de la sergenterie de Dive, en Normandie, trouvé noble dans la recherche de 1463.

AULHON (GÉRAUD), capitoul de Toulouse en 1547.

AULHON (JEAN), échevin de la ville de Lyon en 1520.

AULNAY : d'or, à une molette de sable en franc quartier, au chef de gueules.

AULNAY, en Champagne : d'azur, au coq d'or, crêté et onglé de même.

AULNAY D'ARCY, en Bourgogne : d'azur, à six besans d'argent, trois, deux et un ; au chef d'or. Quelques auteurs y ajoutent une bordure de gueules ; d'autres représentent les armes de cette maison ; d'azur, à deux fasces d'argent, accompagnées de six besans de même, trois, deux et un ; et en d'autres endroits : d'argent, à un lion de sable.

AULNAY (DE GOURGUES D'), en Berry : d'azur, au lion d'or, lampassé de gueules.

AULNEL.

AULNOIS (FLAHAULT DES), en Picardie : d'argent, à trois merlettes de sable.

AULNOY, président à mortier au parlement de Metz, en 1735.

AULON, en Bourgogne : d'azur, à la croix bretessée d'argent ; écartelé du premier, au lion d'or.

AULTANNE : d'argent, à la croix de gueules ; au chef d'azur, chargé de trois étoiles d'or.

AULTREY, en Lorraine : d'argent, au léopard de gueules, tenant un besan d'or ; au chef d'azur chargé de trois besans d'or ; l'écu bordé et engrêlé de gueules.

AULX DU BOURNOIS, en Poitou : d'or, à trois aigles de sable.

AULZIAS, famille noble du comtat Venaissin.

AUMAITRE, en Lyonnais : de gueules, à trois losanges d'or.

AUMALE, en Bourgogne : écartelé de Lorraine et de Bourbon, à la barre de gueules, brochante sur le tout.

AUMALE, en Picardie: d'argent, à une bande de gueules, chargée de trois besans d'or.

AUMALE, même province : de gueules, à deux fasces d'or. Une autre branche portait : de gueules, à une croix de vair fleurdelysée.

AUMATI (Antoine d'), procureur général au parlement d'Aix, en 1516.

AUMAREZ, en Beauvoisis ; famille rapportée dans des titres de 1240 et 1264.

AUMAZANCHE.

AUME, ville de Normandie : d'argent, à la fasce d'azur chargée de trois fleurs de lys d'or.

AUMESNIL, en Normandie : de gueules, à la fleur de lys d'argent.

AUMETTE, à Paris : d'azur, au croissant montant d'argeut, abaissé sous deux étoiles d'or.

AUMONT : de gueules, au sautoir d'or.

AUMONT : de sable, au mont alaisé d'or, chargé d'un soleil du second ; le chef soutenu d'une devise d'argent.

AUMONT, en Picardie : d'or, au croissant de gueules, à l'orle de huit merlettes de même.

AUMONT VILLEQUIER : d'argent, au chevron de gueules, chargé, à la pointe d'un bâton d'or raccourci et posé en barre ; le chevron accompagné de sept merlettes de gueules, posées quatre en chef, deux et deux ; et trois en pointe, une et deux.

AUMONVILLE (Robinet d'), compris dans un rôle de Bretagne, de 1380.

AUMOSNE (de l') ; en Champagne : d'azur, à trois fasces denchées d'or, surmontées en chef de trois roses de même.

AUMOSNIER (L'), en Champagne : d'or, à trois hures de sanglier de sable, lampassées de gueules, défendues et allumées d'argent.

AUMOY (Jean d'), chevalier, maître d'hôtel du duc de Bourgogne, en 1407.

AUNAIS (Espivent des) : d'azur, à une molette d'or, accompagnée de trois croissants de même.

AUNAIS (Kaerbout des), en Touraine : de gueules, à trois fermeaux d'argent.

AUNAS (Jules d'), écuyer, compris dans un rôle de Bretagne, de 1380.

AUNAY, en Poitou : coupé de gueules et d'or, le premier chargé d'un lion issant du second.

AUNAY, en Picardie : d'or, à trois tourteaux de gueules.

AUNAY (Malenove d'), en Normandie : d'azur, à trois canettes d'argent.

AUNAY (Espagne de Venevelles d'), en Touraine : d'azur, au peigne d'argent, posé en fasce, accompagné de trois étoiles d'or.

AUNEAU (Pierre d'), conseiller au parlement de Toulouse, en 1444.

AUNEUF : d'argent, à la fasce de gueules, accompagnée de trois aiglettes de même, becquées et membrées d'azur.

AUNEUIL (Frémont d') : d'azur, à trois têtes de léopard d'or.

AUNEVILLE.

AUNEX : d'argent, au lion de sable.

AUNEZ (Jean des), chevalier, mentionné dans un rôle de Bretagne, de 1248.

AUNÉZ (Bourcier de Montureux et de Saint-). Voyez BOURCIER.

AUNIÈRES, en Champagne : d'azur, semé de billettes d'argent.

AUNIZEUX (Dupui d'), assista à l'assemblée de la noblesse de Châlons-sur Marne, en 1789.

AUNOIS (Thibout des) : d'azur, à la fasce d'or, chargée de trois quintefeuilles de sinople et accompagnée de trois glands d'or.

AUNOU : d'argent, à la fasce de gueules, accompagnée de trois aigles de même, becquées d'azur.

AUNOY : d'or, au chef de gueules, au franc canton de Montmorency, brisé d'une molette de sable, au quartier dextre.

AUNOU LE FAUCON (DE MONTAGU D'), en Normandie : de sable, à trois mains dextres d'argent.

AUNY D'ATICHY : d'azur, au lion d'or, à la bande de gueules, chargée de trois croissants d'or, brochante sur le tout.

AUPOIX, en Normandie : d'azur, à trois croix recroisetées au pied fiché d'argent.

AUPS, ville de Provence : de gueules, à trois fleurs de lys d'or.

AUQUE (JEAN), capitoul de Toulouse, en 1352.

AUQUESTREVILLE, en Normandie : de sable, au lion d'argent, armé et lampassé d'or.

AUQUOY, de Voillian et de Chasoy.

AURAC : échiqueté d'argent et de gueules.

AURAILLES. Voyez ACTON.

AURANGE, en Provence : d'argent, au cornet d'azur, lié et virolé de gueules.

AURAY, en Bretagne : losangé, d'or et d'azur.

AURAY, ville de Bretagne : de gueules, à une hermine passante au naturel avec son mantelet d'hermines attaché à son cou et flottant sur ses épaules ; au chef cousu d'azur, chargé de trois fleurs de lys d'or.

AURE, en Bigorre : d'or, au lévrier rampant de gueules, colleté de sable ; à la bordure de gueules besantée d'argent.

AURE (RAYMOND D'), chevalier, capitoul de Toulouse, en 1348.

AUREAL (GABRIEL D'), compris dans un rôle de Bretagne de 1488.

AUREBAL (FOURTON), capitoul de Toulouse, en 1632.

AURECOURT, famille mentionnée dans des titres de 1246.

AURÉE (THEVENIN D'), écuyer, compris dans une montre de Bourgogne, de 1386.

AUREILLAC, en Bourgogne : d'argent, à deux bandes d'azur.

AUREL, en Provence : d'or, à la croix d'azur.

AUREL, au comtat Venaissin : d'azur, à la croix pattée d'or, cantonnée de quatre doubles rayons de même, mouvants des quatre angles de l'écu.

AURELE, en Languedoc ; famille rapportée dans des titres de 1612.

AURENQUE (GROSSOLLES D'), en Guienne : d'or, au

lion de gueules, naissant d'une rivière d'argent; au chef d'azur, chargé de trois étoiles d'or.

AURENSAN.

AURENTON (Menauton d'), compris dans un rôle de Bretagne, de 1479.

AUREVILLE : de sable, au lion d'argent.

AURIAC, en Dauphiné : de sable, au griffon d'or, couronné, armé, lampassé et paré de gueules.

AURIAC (de Cadrieu d'), en l'Ile de France : d'or, au lion parti de gueules et de sable.

AURIAC (la Cropte d'), en Guienne : d'azur, à la bande d'or, accompagnée de deux fleurs de lys de même.

AURIBEAU DE SAINT-JULIEN (Ferrier d'), en Provence : d'or, à cinq écussons de gueules mis en orle.

AURIBILE.

AURICHIER (Jean d'), chevalier, bachelier, compris dans un rôle de Bretagne, de 1392.

AURICOSTE (Antoine d'), capitoul de Toulouse, en 1566.

AURICOURT, en Franche-Comté : d'argent, à trois jumelles de gueules.

AURIGNI, en Beauvoisis : d'or, à la croix de gueules, chargée de cinq coquilles d'argent, à la bordure de sinople ; au franc quartier d'argent, chargé d'un lion de gueules.

AURIGNON.

AURIGNY : d'argent, à trois tourteaux de gueules.

AURILLAC, ville d'Auvergne : de gueules, à trois coquilles d'or ; au chef cousu d'azur, chargé de trois fleurs de lys d'or.

AURILLAC, en Lorraine : d'azur, à trois losanges d'or, à une molette d'argent en abîme.

AURILLOT DE CHAMPLASTREUX : d'argent, à la tête de maure de sable tortillée de gueules, accompagnée de trois trèfles de sinople.

AURILLY, gentilhomme, compris dans un rôle de Bretagne, de 1589.

AURIOL, en Languedoc : d'argent, au figuier d'azur, chargé d'un auriol d'or.

AURIVAL (Raymond d), capitoul de Toulouse, en 1303.

AURON (Imbert d'), seigneur de Robion, rendit hommage au comte de Toulouse, le 2 octobre 1247.

AUROS, en Languedoc, dont un conseiller de la chambre de justice souveraine, en 1575.

AUROUZE : losangé d'or et d'azur ; à la bordure de gueules.

AURSELLE (DE L') : d'argent, à quatre fasces de gueules, à la levrette d'or brochante sur le tout.

AUSERAN, de Mende, en Languedoc ; famille rapportée dans des titres de 1542.

AUSERS (GAROUYET D'), écuyer, compris dans un rôle de Bretagne, de 1380.

AUSILHON, de Castres, en Languedoc ; famille rapportée dans des titres de 1549.

AUSONE (JEAN D'), capitoul de Toulouse, en 1530.

AUSONVILLE : de sable, à l'aigle éployée d'argent, becquée et membrée de gueules.

AUSPRAC, en Bretagne : d'azur, à trois croissants d'or.

AUSQUER, en Bretagne : d'azur, à un rencontre de cerf d'or.

AUSSABEC, l'un des gentilshommes bretons, qui, en 1424, se trouvèrent à la défense du Mont-Saint-Michel.

AUSSAIS (D'), l'un des gentilshommes bretons, qui, en 1424, se trouvèrent à la défense du Mont Saint-Michel.

AUSSAN, famille noble de Provence.

AUSSAY (LE SIRE), rapporté dans un rôle de Bourgogne de 1431.

AUSSEL (ANDRÉ), échevin de la ville de Lyon, en 1707 : d'argent, à la montagne à sept coupeaux de sable, surmontée d'une aigle éployée de gueules.

AUSSERON (REINES) : de gueules, au chevron d'or, accompagné en chef de deux tours d'argent, et en pointe d'une croix de Toulouse de même.

AUSSEURRE (DENIS D'), maire de Poitiers, en 1449 : d'azur, au pélican d'or, couronné de gueules.

AUSSEVILLE : d'argent, au lion de gueules.

AUSSEYS (PIERRE D'), l'un des gentilshommes qui défendirent le Mont Saint-Michel, en 1424.

AUSSIGNY : de sable, semé de croisettes recroisetées d'or, à deux bars adossés de même, brochants sur le tout.

AUSSON (CHARLES D'), baron de la Borne, en 1521.

AUSSONVILLE (GUILLEMAIN D'), écuyer, compris dans un rôle de Bretagne, de 1392.

AUSSONVILLER (MATHIEU D'), chevalier, sieur d'Ausac, par titres de 1372.

AUSSONVILLIERS, seigneur et baron de Courcy, en

Bretagne : d'azur, au sautoir d'or, cantonné de quatre étoiles de même.

AUSSUN : d'or à l'ours passant de sable.

AUSSY, en Gâtinais : d'argent, au chevron de gueules, accompagné de trois coquilles de sable.

AUST, en Cambrésis : de sable, à trois gerbes d'or, liées de gueules.

AUSTERAY, en Provence : de gueules, à cinq éperviers longés et grilletés d'or.

AUSTETTE, gentilhomme du Languedoc, appelé à l'arrière-ban en 1575.

AUSTIN DE HENEVARD : d'azur, à la fasce échiquetée d'argent et de gueules, accompagnée en chef d'un lion d'or, et de trois lions de même couchés en pointe.

AUSTIN, mentionné dans l'état des familles de Normandie, qui ont fait leurs preuves de noblesse en 1523.

AUSTOT (Adhémar), capitoul de Toulouse en 1298.

AUSTRASIE, ancien : de gueules à trois aigles d'or.

AUSTRASIE, moderne : bandé d'or et d'azur.

AUSTREIN (Henri), échevin de la ville de Lyon, en 1583.

AUSTREVIENT : d'azur, à trois roues de Sainte-Catherine d'or.

AUSTRY (Arnaud), capitoul de Toulouse, en 1639.

AUT (Louis d'), seigneur de la Neuville de Lignières et de Franqueville, en 1560.

AUTADILLE (Raimond-Guillaume), capitoul de Toulouse, en 1225.

AUTAMAR (Pierre d'), compris dans les rôles de l'Albigeois, de l'an 1529.

AUTANE, en Dauphiné : d'argent, à la croix de gueules ; au chef d'azur, chargé de trois étoiles d'or.

AUTARD DE BRAGARD, en Dauphiné : d'azur, à une outarde d'argent, becquée, membrée et allumée de gueules, tenant en son bec un rameau d'olivier de sinople ; à une étoile d'or au premier canton de l'écu.

AUTEBRAND, seigneur des Forges.

AUTEFORT, de Viviers, en Languedoc : écartelé au 1 et 4 d'or, à trois fasces de sable, au chef de gueules, chargé d'un lévrier d'argent ; au 2 et 3 d'argent, à trois pals de gueules, à deux lions adossés d'argent, armés et lampassés de sable, surmontés d'un léopard de même ; au chef d'azur, chargé de trois étoiles d'or.

AUTEL : d'argent, à la croix d'azur, chargée de cinq coquilles d'or.

AUTEL : de gueules, à la fasce d'or, accompagnée de six coquilles de même, trois en chef, et trois en pointe.

AUTEL, en Berry : de gueules, à la croix d'or cantonnée de dix-huit billettes de même, 5, 5, 4, 4.

AUTELS (DES), famille ancienne de Bourgogne.

AUTEMAR, de Narbonne, en Languedoc : écartelé, au 1 et 4 d'azur, à deux bandes d'or ; au 2 et 3 d'azur, à la bande d'argent, accompagnée en chef d'une fleur de lys d'or, et en pointe d'une rose d'argent.

AUTEOREILLE (Jacot d'), écuyer, compris dans une montre de Bourgogne, de 1386.

AUTEREULLE (Mathé d'), chevalier-banneret de Bourgogne, en 1405.

AUTERIVE (DE TIVOLEY DE BARAT D'), en Dauphiné : de gueules, à la bande d'or, chargée d'une bande losangée de sable.

AUTERIVE (Nicolas), capitoul de Toulouse, en 1445.

AUTEVERNE (Daniel d'), en Normandie : de gueules, à la bande d'argent, chargée de trois molettes d'éperon de sable, et accostée de deux lions d'or.

AUTEVILLE, en Languedoc : d'azur à une ville bastillée d'argent, les tours couvertes et girouettées de même, le tout maçonné de sable; écartelé d'or; au lion de gueules.

AUTEVILLE, en Normandie : d'argent, à trois fasces de sable, au sautoir de gueules brochant sur le tout ; à la bordure de même.

AUTHEMAN, avocat général au parlement d'Aix, en 1771.

AUTHIER DE VILLEMONTÉ (Le comte et le vicomte d'), présents à l'assemblée de la noblesse du Bourbonnais, en 1789.

AUTICHAMP : de gueules, à la fasce d'argent, chargée de trois fleurs de lys d'azur.

AUTIEGE, en Languedoc; famille mentionnée dans des titres de 1621.

AUTIER; famille noble du comtat Venaissin.

AUTIEUX (Saint-Pierre des) : de gueules, au chevron d'argent, accompagné de trois roses d'or.

AUTIGNAL, en Normandie : d'azur, au lion d'argent, chargé de deux cotices de gueules, et surmontées d'une fleur de lys d'or au premier quartier.

AUTIN DE LIVRY DE BRIEQUESSART, maintenue en 1403.

AUTON (LE CLERC D') : d'azur, à trois croissants d'or; au lambel de même en chef.

AUTOT (JEAN D'), écuyer, seigneur de Centpuis, en 1392.

AUTRAN, famille noble du comtat Venaissin.

AUTRAY (GOUJON D') : écartelé au 1 et 4 d'azur, au chevron d'or, accompagné de trois losanges de même; au 2 et 3 de gueules, au sautoir engrêlé d'or, cantonné de quatre fleurs de lys d'argent.

AUTRÉ, en Champagne : de gueules, à trois fusées d'argent mises en fasce.

AUTREBERG, en Bourgogne : de gueules, à l'aigle d'argent.

AUTRÊCHE, famille originaire du Soissonnais, rapportée dans des titres de 1237.

AUTREMONT, en Champagne : d'or, au lion de sable, surmonté d'un lambel de gueules.

AUTRET KERGUIABO, en Bretagne : d'argent, à quatre burelles ondées d'azur.

AUTRETOT, en Normandie (ROBERT D'), chevalier, l'un des bienfaiteurs du prieuré de Beaulieu, en 1200.

AUTREVILLE, en Dauphiné : d'argent, à l'aigle éployée de sable, membrée et becquée de gueules.

AUTREX (THEVENIN DES), écuyer, compris dans un rôle de Bretagne, de 1392.

AUTREY : de gueules, à trois chevrons d'or.

AUREY DE VERGY : de gueules, à trois quintefeuilles d'or.

AUTRI-BRIEN : d'argent, à trois losanges de gueules posées en bande.

AUTRI DE GÉNICOURT : de gueules, au sautoir d'or.

AUTRIC, en Provence : de gueules, à cinq éperviers d'or, longés de sable et grilletés d'or, deux, deux et un; écartelé de Vintimille.

AUTRICHE, famille de Lorraine : à la croix d'or, cantonnée au 1er d'azur, à un lion d'or; au 2 et 3 de gueules, à trois chevrons d'argent; au 4e d'azur, à deux bras adossés d'argent.

AUTRIBEAU (SEXTUS D'), chevalier de Malte, en 1664.

AUTRUI : d'or, à une molette de sable en franc quartier ; au chef de gueules.

AUTRY, en Berry : d'azur, à deux girons d'or, mis en chevron ; au chef d'argent, chargé de trois couronnes ducales de gueules.

AUTRY, en Champagne : de gueules, au sautoir d'or.

AUTRY LA MIVOYE : d'azur, à une fasce d'argent, accompagnée en chef de trois merlettes d'or, et en pointe d'une molette d'éperon de même.

AUTUN, en Bourgogne : de gueules, au lion d'azur, chargé de trois bandes d'or.

AUTUN, en Dauphiné : de gueules, à la croix denchée d'or.

AUTUN ou AUTHUM, famille de Languedoc : d'azur, au cœur d'argent, percé de deux flèches de même, en sautoir.

AUVÉ, seigneur de Vantrouse : d'argent, à la croix de gueules, cantonnée de douze merlettes de même, posées deux et une dans chaque canton.

AUVEL, mentionné dans des titres de 1594.

AUVELLIERS, seigneur de Champelos, en Languedoc : d'or, au sautoir de gueules, cantonné de quatre aiglettes de même ; sur le tout d'azur, au navire d'argent, équipé de gueules ; au chef d'or, chargé d'une aiglette de sable.

AUVER : d'azur, à la fasce muraillée d'argent de quatre traits, crénelée de même.

AUVERGNE, moderne : d'or, à la tour de gueules, semée de fleurs de lys d'or.

AUVERGNE, ancien : écartelé, au 1 et 4 d'or au chevron d'azur, chargé de trois fleurs de lys d'or ; au 2 et 3 de gueules, à trois lions d'argent.

AUVERGNE : d'or, au gonfanon de gueules, frangé de sinople.

AUVERGNE, en Bretagne : de sable, à la croix d'argent cantonnée de quatre têtes de loup arrachées de même, et lampassées de gueules.

AUVERGNE (D'), en Normandie et en Berry : d'argent, à la fasce de gueules, chargée de trois coquilles du champ, et acompagnée de six merlettes de sable, trois en chef, trois en pointe.

AUVERGNE (D'), à Paris : à la croix d'or losangée de gueules, cantonnée, au 1 et 4 d'azur, d'une étoile d'or, surmontée d'une couronne de gueules ; au 2 et 3 d'argent d'une fleur d'azur, tigée de sinople.

AUVERGNEIS (Pierre l') , écuyer , compris dans un rôle de Bretagne, de 1418.

AUVERGNY (Le seigneur d') ; accompagna Robert, duc de Normandie, à la conquête de la Terre-Sainte.

AUVERS (d'Orglande d'), au pays de Caux : d'hermines, à six losanges de gueules , trois , deux et une.

AUVERS, de Beauvais ; famille rapportée dans des titres de 1240.

AUVERT ; famille rapportée dans des titres de 1410.

AUVERY : d'or , au dauphin pâmé d'azur.

AUVERY : chevronné d'argent et de sable de six pièces.

AUVET DES MARETS (d') , en Normandie : écartelé au 1er parti, échiqueté d'or et d'azur, au chef de même, chargé de trois fleurs de lys d'or; et de sable, à la croix d'argent , chargé de cinq coquilles de gueules ; au 2 d'or, au chevron de gueules, chargé vers le chef d'une fleur de lys d'argent, et accompagné de trois aiglettes d'azur ; au 3 de Montmorency; au 4 d'azur , semé de croisettes d'argent , au lion de même ; et sur le tout bandé de gueules et d'argent , la seconde bande chargée d'un lion de sable.

AUVEU : enté en pointe de gueules et d'argent.

AUVILLARS (Eudes, seigneur d') , rapporté dans des titres de 1302.

AUVILLE (Jean d)', en Normandie, chevalier, compris dans un rôle de 1370.

AUVILLIERS , seigneur du Bouchoir : d'argent, à deux chevrons de gueules , accompagnés de trois têtes de loup arrachées de sable.

AUVILLIERS, en Normandie : d'or, au sautoir de gueules, cantonné de quatre aiglettes de même.

AUVILLIERS (de Vassé d'), en Poitou : d'or , à trois fasces d'azur.

AUVIRE (Hugues d'), chevalier, compris dans un rôle de Bretagne, de 1178.

AUVRAY DE LA GONDONNIÈRE, en Normandie : de gueules, à la fasce d'or, accompagnée en chef de deux roses, et en pointe de deux lions léopardés et affrontés, le tout de même.

AUVRAY DE MEURVILLE, en Normandie: de gueules, au chevron d'or, accompagné de trois croisettes de même.

AUVRAY, seigneur des Monts et de Martainville, en Normandie : d'argent, au chevron d'azur, chargé de trois fleurs de lys d'or, et accompagné de trois feuilles de sinople.

AUVRAY DE PASCARDE, en Normandie : d'azur, à trois coquilles d'argent.

AUVRAY DE LA ROQUE, en Normandie : pallé d'or et d'azur ; au chef de gueules, chargé d'un lion léopardé d'or.

AUVRECHER ou AUVRICHER, en Normandie : d'or, à deux quintefeuilles de sable, posées l'une au canton senestre, et l'autre en pointe de l'écu, un lionceau de même au premier canton.

AUX (D'), en Guienne : d'argent, à trois chevrons brisés d'or et de gueules, accompagnés de trois marteaux de même, deux en chef, un en pointe.

AUX DU BOURNOYS, en Poitou : d'or, à trois aigles de sable.

AUXAIS, en Normandie : de sable, à trois besans d'argent.

AUXAIS, en Normandie : de gueules, à la fasce d'or, chargée de trois étoiles d'azur, et accompagnée de trois croissants d'or.

AUXCOUSTEAUX, en Picardie : de gueules à trois couteaux d'argent, garnis d'or, mis en pal.

AUX ÉPAULES : de gueules, à une fleur de lys d'or.

AUXERRE : d'azur semé de billettes d'or, au lion de même sur le tout.

AUXERRE : de gueules à la bande d'or.

AUXI DE NEUFVILLE, en Cambrésis : échiqueté d'or et de gueules.

AUXINÉ (Guy D'), chevalier, seigneur de Tiènes, compris dans un rôle de Bretagne, de 1449.

AUXONNE.

AUXONNE (Ville de France) : parti, le premier d'azur, à la croix ancrée d'argent ; le second de Bourgogne ancien et moderne.

AUZANET : d'azur, semé de larmes d'argent, à l'arbre arraché d'or brochant sur le tout.

AUZANNEAU-DE-MUSSET, famille rapportée dans des titres de 1600.

AUZENNES (Raimond), capitoul de Toulouse, en 1226.

AUZERAN, en Languedoc : d'argent, à trois fasces de gueules.

AUZIER-D'OSAN (Bertrand d'), chevalier de Malte, en 1552.

AUZON (de Saint-Privé d'), en Bourgogne : d'argent, en sautoir de gueules, bordé d'une dentelure de sable.

AUZOUVILLE, de Vieupont et de Beauficel, en Normandie.

AVAILLES : d'or, à la fasce de gueules, accompagnée de trois rustres de même.

AVAILLES (de Vellar d'), en Berry : d'azur, semé de croisettes d'or, au chef de même.

AVAILLON (d'), compris dans un rôle de Bretagne, de 1490.

AVAINE, mentionné dans l'état des familles de Normandie, qui ont prouvé leur noblesse en 1523.

AVALENC, en Bretagne : d'azur, à la fasce d'hermines.

AVALLIOLES DE RONCÉE, en Touraine : de sable, à la fasce d'argent, chargée de cinq losanges de gueules, et accompagnée de six fleurs de lys d'argent.

AVALOIS, chevalier, chevau-léger du roi, en 1591.

AVALON : d'or, à l'aigle éployée de sable.

AVALON, en Bourgogne : d'azur, à la tour crénelée d'argent.

AVALON (Guérin d') : d'or à la bande denchée de gueules, accompagnée de trois aigles d'azur.

AVALOT (l'), en Bretagne : d'azur, à deux coutelas ou cimeterres d'argent, passés en sautoir, garnis d'or.

AVANCHAYE (Olivier de l'), écuyer, compris dans un rôle de Bretagne, de 1437.

AVANCHES, famille noble de Bretagne, mentionnée dans des titres de 1422.

AVANÇON DE SPONDILLAN.

AVANÇON. Voyez BOUCHER.

AVANNE (d'), en Normandie : d'argent, à la fasce de sable.

AVANNE, même Province : d'argent, à quatre fasces de sable ; la seconde chargée de cinq besans d'or.

AVANNES, en Champagne et en Bourgogne : de gueules,

à trois quintefeuilles d'or ; écartelé de sable, au sautoir d'or, cantonné de quatre grillons de même.

AVANSON, en Dauphiné : de gueules, à trois jumelles d'argent.

AVANTGOUL (Guillaume d'), chevalier, compris dans un rôle de Bourgogne, de 1419.

AVANTIGNY, en Languedoc ; famille mentionnée dans des titres de 1588.

AVANTURIER (Guillaume l'), compris dans un rôle de Bretagne, de 1489.

AVAREY (de Béziade d'), dans l'Orléanais : d'azur, à la fasce d'or, chargée de deux étoiles de gueules, et accompagnée en pointe d'une coquille d'or.

AVARS (Bérenger d'), compris dans un rôle de Languedoc, de 1231.

AVAUGON (Guillet d'), compris dans un rôle de Bretagne, de 1464.

AVAUGOUR, en Bretagne : d'argent, au chef de gueules.

AVAUX, en Bretagne : d'or, au croissant de sable.

AVAUX (la Houssoie d'), en Picardie : coupé d'argent et d'azur, au lion de gueules, armé, lampassé et couronné d'or, brochant sur le tout.

AVAUX (Rollet d'), présent à l'assemblée de la noblesse du Bourbonnais, convoquée en 1789.

AVEINE (Jacques), échevin de la ville de Lyon, en 1789.

AVEJAN. Voyez BANNE.

AVEL DE CHAUMONT (Saint-), en Nivernais : d'hermines à la bande de gueules.

AVELINES : d'azur, au chevron d'or, accompagné en chef de deux étoiles, et en pointe d'une quintefeuille, le tout de même.

AVELON (Concquant d') : de gueules à la croix denchée d'or, cantonnée de quatre aiglettes d'argent.

AVELON ; famille noble du Beauvoisis, mentionnée dans des titres de 1160 à 1276.

AVELUIS : d'argent, au lion de gueules ; à la bordure de sable besantée d'or.

AVENAY (Jean d'), garde de l'échansonnerie de la duchesse de Bourgogne.

AVENCHOR (François d'), compris dans un rôle de Bourgogne, de 1410.

AVENE, en Dauphiné : d'azur, à six losanges d'or, trois, deux et une ; au chef cousu de gueules, chargé de trois molettes d'or. Devise : *Tenui meditatur avenâ.*

AVENEL, en Bretagne : de gueules, à trois aiglons d'argent.

AVENEL, en Normandie : de gueules, à l'aigle éployée d'or.

AVENESCOURT (Amporin d'), chevalier, par titre de Penthemont, de 1233.

AVENETTE, seigneur de la Vallée.

AVENIERS : de gueules, à trois gerbes d'or, et en cœur un écusson d'hermines.

AVENNES, en Champagne : d'or, à trois fasces de sable, chargées de six besans d'or, posés trois, deux et un.

AVENSON, au Maine : écartelé au 1er de gueules, à trois jumelles d'argent, au 2 et 3 d'azur, à la croix d'or ; au 4 d'argent, au lion de gueules.

AVERDOING ; famille noble de Flandre.

AVÈRE, en Normandie ; famille rapportée dans des titres de 1543.

AVERHOULT, en Champagne : fascé d'or et de sable, au franc quartier d'hermines.

AVERLY. Voyez Andenoy le Courtois.

AVERNE (Ferrand d'), en Normandie : écartelé au 1er et 4 d'or, au lion de sable ; au 2 et 3 d'azur, à trois coquilles d'or.

AVERTON : de gueules, à trois jumelles d'argent.

AVERTON, au Maine : d'argent, à six burelles de gueules ; au chef de même.

AVESGO, en Normandie : d'azur, au bâton d'or écoté et posé en fasce, accompagné de trois gerbes de blé de même ; à la bordure de gueules, chargée de huit besans d'argent.

AVESNES, au Hainaut : bandé d'or et de gueules.

AVESNES : d'argent, à trois fasces de gueules, accompagnées en chef de trois molettes de même.

AVESSENS (d'), en Lauraguais : d'argent, à une bande d'azur bordée d'or, potencée et contre-potencée de même de cinq pièces, et accompagnée en chef d'une roses de gueules, et en pointe d'une aigle de sable, posée en barre, le vol abaissé.

AVESTRON (Pierre d'), compris dans un rôle de Bretagne, de 1477.

AVIAU DE PIOLANS, en Touraine : de gueules, au lion couronné d'argent, la queue fourchée et passée en sautoir.

AVICE, en Normandie : d'azur, à l'épée d'argent garnie d'or, posée en pal, la pointe en haut, accompagnée de trois pommes de pin d'or.

AVICE, en Poitou : d'azur, à trois diamants taillés en triangle, posés sur leurs pointes, chaque triangle à trois fascettes.

AVIER (Armeric d'), chevalier, compris dans un rôle de Bretagne, de 1274.

AVIGNON, famille de Provence : d'azur, à trois aiglettes d'or.

AVIGNON, au comtat Venaissin : de gueules, à trois clefs d'or, posées en fasce. Devise : *A bec et griffe.*

AVIGNON (Pons), capitoul de Toulouse, en 1274.

AVILA, en Provence : d'azur, à trois besans d'or.

AVILEY (Jean Perrin et Guyot d'), écuyers, mandés par le duc de Bourgogne, en 1394.

AVILIÉS, en Dauphiné : de sable, au coq d'or, crêté et barbé de gueules ; au chef d'or, chargé de trois molettes d'éperon de sable.

AVILLIER, en Lorraine : de sable, à la croix d'or, accompagnée d'une fleur de lys de même au premier canton.

AVINALE, en Lorraine : écartelé, au 1 et 4 de Lorraine ; au 2 et 3 de Bourbon.

AVION ; famille noble de la Flandre.

AVIREY. Voyez ARCENAY DE CONIGAN.

AVIS, seigneur de Tourville, en Normandie : d'azur, à neuf pommes de pin d'or, trois, trois et trois.

AVISAC (Bernard d'), compris dans un rôle de Languedoc, de 1229.

AVITY, en Dauphiné : de gueules, à une tour d'argent donjonnée de même, maçonnée de sable, posée sur une terrasse de sinople.

AVIZARD, en Languedoc, dont un trésorier de France, en 1596.

AVOCAT (Henri l'), échevin de Paris, en 1561 : d'azur, à la bande d'argent, accompagnée en chef de trois croissants montants d'or, et en pointe d'un lion léopardé de même.

AVOGARDE, en Champagne : échiqueté de gueules et d'or ; coupé de gueules, à trois fasces ondées d'or.

AVOINE : d'or, à quatre fasces de sable, la première chargée de cinq besans d'or.

AVOINE, en Bretagne : de gueules, au léopard d'argent.

AVOINE DE MANDREVILLE : de gueules à trois gerbes d'avoine d'or.

AVOINE (Philippe d'), de la Caisne, en Normandie, maintenu dans ses priviléges de noblesse en 1666.

AVOIR, AVER, ou AVEIR : d'argent, au lion d'azur, surmonté d'un lambel de même.

AVON (Robert d'), chevalier, compris dans un rôle de Bretagne, de 1383.

AVOT (Martin de Choisé d'), en Bourgogne, admis aux états de 1674.

AVOUT (d', en Bourgogne :: de gueules, à la croix d'or, chargée de cinq molettes d'éperon de sable.

AVOYSE (Geoffroy), chevalier, viguier de Béziers, en 1269.

AVRAINVILLE (Maulgué d';) en Champagne : de gueules, au chevron d'or, accompagné en chef de deux étoiles d'argent, et en pointe d'une épée, mise en pal de même.

AVRANCHES, ville de France en Normandie : d'azur, à la tour d'argent en forme de porte de ville, accostée de deux fleurs de lys d'or, et surmontée d'un dauphin de même en chef, et une fleur de lys d'or, accostée de deux croissants d'argent.

AVRANCHES (Jehan d'), compris dans un rôle de Bretagne, de 1464.

AVRAY KERMADIOU, en Bretagne, échiqueté d'or et d'azur de six traits.

AVRECH ou HAVRECH (de Croy d') : écartelé au 1 et 4 d'argent, à trois fasces de gueules ; au 2 et 3 d'argent, à trois doloires de gueules, les deux du chef adossées ; sur le tout de Lorraine, avec ses écartelures.

AVREDOING, seigneur de Monsoreau.

AVREMENIL (Roussel d') : pallé d'or et d'azur ; au chef de gueules, chargé de trois merlettes d'argent.

AVREMESNIL (Pardieu d') : de gueules, au sautoir d'or, cantonné de quatre aiglettes de même.

AVREVILLE, seigneur de la Framboisière : de sable, au lion couronné d'argent.

AVRIGNY : d'argent, à trois tourteaux de gueules.

AVRIL DE LA CHAUVIÈRE, en Bretagne : d'argent, à

l'arbre de sinople; au chef d'azur chargé de trois étoiles d'or.

AVRIL (Jacques), écuyer, capitoul de Toulouse, en 1714.

AVRILLOT, en Champagne : d'azur, à trois étoiles d'or, et une tête de maure de sable, contournée, tortillée d'argent, posée en abîme.

AVROLLE (Moreau d'), en Champagne : d'azur au chevron d'or, accompagné de trois têtes de maure liées d'argent.

AVULLY: d'argent, à l'aigle éployée de sable.

AVY : d'azur, à la croix d'argent.

AVY (Saint-), originaire du Berry, mais établie en Champagne : d'azur, à trois fasces d'argent, et trois besans de même en chef.

AWAING, en Cambrésis : d'or, à trois hamaïdes de sable.

AX, baron de la Serpent, en 1605.

AX, de Tartas; famille rapportée dans des titres de 1308.

AXELLES : de gueules, au chevron d'or.

AXIANACE, en Touraine; famille rapportée dans des titres de 1370.

AXION : d'or, au lion contourné de gueules.

AXORIAC, en Languedoc; famille rapportée dans des titres de 1350.

AY (d'); il y a eu un avocat général de ce nom, au parlement de Paris, en 1375.

AYCELIN-MONTAGU, en Auvergne : de sable, à trois têtes de lion arrachées d'or, lampassées de gueules.

AYDEU (Arthus, sieur de l'), député de la noblesse de Bretagne, aux états-généraux de 1614.

AYDIE, en Périgord : de gueules, à quatre lapins courants, d'argent, l'un sur l'autre. La branche de Riberac, porte : de gueules, à quatre lapins courants d'argent, sur un écartelé de Comminges et d'Armagnac.

AYE (d') : en l'Ile de France; famille rapportée dans des titres de 1371.

AYELLE (d') : d'argent, à deux loups de sinople; à la bordure de gueules, chargée de huit sautoirs d'or. Plusieurs branches portent les loups passants au naturel.

AYEN : de gueules, à la bastide d'or.

AYENT; famille mentionnée dans des titres de 1244.

AYGNIEN (de Festard d'Harville et d') : d'argent, à trois fasces de gueules.

AYGREMONT : d'azur à la croix d'or, cantonnée de

vingt billettes de même, cinq à chaque canton, posées en sautoir.

AYGUEMORTES, ville du Languedoc : d'or, à un Saint-Martin sur son cheval, de gueules, donnant son manteau d'argent ; le tout sur une terrasse de sinople.

AYLARDY ; famille noble du comtat d'Avignon.

AYLLIBOUST, seigneur de Colonge, dans l'Autunois.

AYMARD DE LA ROCHE, en Poitou : d'argent, au chevron de sable, chargé de trois coquilles d'or.

AYMART : de gueules, à la colombe essorante d'or, tenant en son bec un rameau d'olivier de même ; au chef cousu d'azur chargé de trois étoiles d'or.

AYMER DE LA CHEVALLERIE, en Poitou : d'argent, à la fasce componnée d'or et de sable de quatre pièces.

AYMERAC, en Normandie : d'argent, au chevron de sable.

AYMERET, seigneur de Gazeau : d'argent, au chevron de sable, chargé de trois coquilles d'or, dans le sens du chevron ; au chef cousu d'or.

AYMERIC (Raimond), capitoul de Toulouse, en 1635.

AYMERICH ; famille de Perpignan.

AYMERY DE VIROFFLAY.

AYMERY (Jean), capitoul de Toulouse, en 1483.

AYMERY (Sire Pierre), maire de la Rochelle, en 1209.

AYMIER : d'argent, à la fasce de gueules, accompagnée de trois étoiles d'azur.

AYMON, en Dauphiné : d'azur, à deux épis d'or ; au chef cousu de gueules, chargé de trois molettes d'éperon d'argent.

AYMON, en Poitou : d'azur, au chevron d'or, accompagné en chef de deux étoiles de même, et en pointe d'une coquille aussi d'or.

AYMON DE MONTESPIN : d'azur, à un besant d'or.

AYMONET, dans les Pays-Bas.

AYNAY LE CHASTEL, en Bourgogne : d'argent, à trois pairles de sable.

AYNER : d'argent, à deux lions léopardés, de gueules.

AYRARD DU FOUILLON (Antoine), de Saintonge, reçu chevalier de Malte, en 1542.

AYRAULT DE LA BOUCHETIÈRE, en Bretagne : d'azur, à deux chevrons d'or.

AYRE ou AIRE ; ville de l'Artois : de gueules, au cygne d'argent, membré de gueules.

AYRON (Sire Aimé d'), maire de Poitiers, en 1362 : d'argent , au chevron de gueules, accompagné en chef de deux roses de même, boutonnées d'or et en pointe d'un tourteau de sable, chargé d'un soleil d'or.

AYSAY : burelé d'or et de gueules.

AYSEREY (POUFFIER D') : de gueules, à un vase à deux anses d'or, chargé d'une cotice d'azur , et surmonté de trois quintefeuilles d'hermines.

AZALBERT (HUGUES D'), capitoul de Toulouse , en 1535.

AZAN, avocat-général du parlement d'Aix, en 1690.

AZAY (JEAN D'), écuyer, compris dans un rôle de Bretagne de 1380.

AZEGAT , en Provence : d'azur au lion d'or lampassé de gueules, issant de la pointe, surmonté d'un chevron d'argent, accompagné de deux épis affrontés d'or.

AZEMA (PIERRE) , capitoul de Toulouse, en 1680.

AZÉMAR, en Languedoc. Voyez ADHÉMAR.

AZÉMAR, de Panat, en Rouergue : d'or , à trois fasces de gueules.

AZEROL : d'azur , au chevron d'argent.

AZET (BERTRAND D') , compris dans un rôle de Languedoc , de 1289.

AZEVILLE (CASTEL D') : d'azur, à deux fasces d'or, accompagnées de trois étoiles d'argent.

AZILLAN ; famille noble de Languedoc, mentionnée dans des titres de 1190.

AZINCOURT , en Picardie : d'or, à l'aigle éployée de sable.

AZINCOURT, en Cambrésis : d'argent, à l'aigle éployée de gueules, membrée d'azur.

AZIRAC (DE TERMES D'), en Quercy : d'or, à trois fasces ondées de gueules ; au chef d'azur, chargé de trois étoiles d'argent.

AZIRE, en Normandie : d'argent au chevron de sinople, accompagné en chef, de deux croissants de même, et en pointe, d'une tête de maure de sable, tortillée d'argent.

AZOINVILLE (MAILLART D'), écuyer, mort à la bataille d'Azincourt, en 1415.

AZOLIN (RAIMOND), capitoul de Toulouse, en 1278.

AZUEL : de gueules, à deux haches d'armes d'argent passées en sautoir.

AZY : d'argent, à dix croissants de gueules.

AZZOLIN : de gueules, à six fleurs de lys d'or, posées trois en chef, et trois en pointe deux et une.

CHATILLON-SUR-SEINE. — IMPRIMERIE· E. CORNILLAC.

www.ingramcontent.com/pod-product-compliance
Lightning Source LLC
Chambersburg PA
CBHW052037270326
41931CB00012B/2521